L'Arte della Mindfulness e del Mindset

Strumenti e Strategie per Vivere nel Presente, Coltivare un Atteggiamento Resiliente, Gestire lo Stress e Scoprire un Percorso di Crescita Continua

di Luca Romano

SOMMARIO

Capitolo 1 - Introduzione al Potere del Qui e Ora: Mindfulness e Mindset

1.1 Le Origini e significati di Mindfulness e Mindset   6

1.2 La Connettività tra Mindfulness e Mindset   8

1.3 I Benefici del Vivere nel Qui e Ora   11

1.4 Ostacoli Comuni e Miti   13

1.5 Casi Pratici e Studi di Esempio   16

Capitolo 2 - La Scienza dietro Mindfulness: Come il Cervello Risponde alla Presenza

2.1 Il Cervello e la Neuroplasticità   21

2.2 L'Amigdala e la Risposta allo Stress   24

2.3 Il Ruolo del Cortex Prefrontale Medio   26

2.4 La Produzione di Neurotrasmettitori Benefici   29

2.5 Studi e Ricerche Significative   32

Capitolo 3 - Tecniche Base per la Pratica Quotidiana della Mindfulness

3.1 Respirazione Consapevole   36

3.2 Meditazione Camminando   39

3.3 Scansione Corporea   42

3.4 Mindfulness durante le Attività Quotidiane   45

3.5 L'Arte dell'Ascolto Attivo   48

Capitolo 4 - Da Reattivi a Proattivi: Costruire un Mindset Resiliente

4.1 Comprendere la Reattività   52

4.2 Il Valore della Pausa   55

4.3 Elementi Chiave della Resilienza   57

4.4 Tecniche per Sviluppare la Proattività 61

4.5 L'Integrazione della Mindfulness nella Costruzione di un Mindset Resiliente 64

Capitolo 5 - Strumenti di Autoregolazione: Gestire lo Stress e le Emozioni Difficili

5.1 Cos'è l'Autoregolazione e Perché è Essenziale 68

5.2 Il Ciclo dello Stress e la Sua Gestione 71

5.3 Riconoscimento e Accettazione delle Emozioni 74

5.4 Tecniche di Grounding per il Riequilibrio Emotivo 77

5.5 Costruire un Toolkit Personale di Autoregolazione 80

Capitolo 6 - L'Intersezione tra Mindfulness e Crescita Personale: Coltivare un Mindset di Apprendimento

6.1 Il Concetto di Crescita Personale 84

6.2 Mindfulness: La Chiave dell'Autoconsapevolezza 87

6.3 Il Mindset di Apprendimento: Oltre la Zona di Comfort 89

6.4 Tecniche di Riflessione e Introspezione per la Crescita 92

6.5 Integrare la Mindfulness e il Mindset di Apprendimento nella Routine 96

Capitolo 7 - Esercizi Pratici per Intrecciare Mindfulness e Auto Scoperta

7.1 Meditazione di Auto-Osservazione 100

7.2 Diario della Consapevolezza 103

7.3 La Pratica del Silenzio Intenzionale 106

7.4 Esplorazione Sensoriale Quotidiana 109

7.5 Riflessione Guidata sulle Esperienze Passate 112

Capitolo 8 - Il Ruolo del Mindset nella Definizione degli Obiettivi e nel Superamento degli Ostacoli

8.1 Mindset Fisso vs. Mindset di Crescita 116

8.2 La Visione dell'Obiettivo attraverso l'Occhio del Mindset
119

8.3 Strategie Mentali per Affrontare le Sfide   122

8.4 La Forza della Mentalità Positiva nel Percorso verso il Successo   125

8.5 Reinventare gli Ostacoli come Opportunità   130

Capitolo 9 - Mindfulness e Relazioni: Comunicare con Empatia e Presenza

9.1 Ascolto Attivo: Oltre le Parole   134

9.2 Empatia: Camminare nelle Scarpe dell'Altro   138

9.3 Presenza Autentica nelle Interazioni   141

9.4 Gestione dei Conflitti con Consapevolezza   145

9.5 Affinare la Connettività Emotiva   148

Capitolo 10 - Guardare al Futuro: Integrare la Mindfulness e un Mindset Positivo nella Tua Vita Quotidiana

10.1 Routine Quotidiane di Mindfulness   152

10.2 Cultivare l'Habit del Pensiero Positivo   155

10.3 Strategie per una Riflessione Intenzionale   160

10.4 Creazione di Spazi di Silenzio e Presenza   163

10.5 Affrontare il Cambiamento con Resilienza e Apertura 166

Capitolo 1 - Introduzione al Potere del Qui e Ora: Mindfulness e Mindset

1.1 Le Origini e significati di Mindfulness e Mindset

Nel mondo frenetico e sempre connesso in cui viviamo, spesso ci ritroviamo persi in un turbine di pensieri, preoccupazioni e ansie legate al passato o al futuro. L'arte della mindfulness e il potere di un mindset ben definito emergono come fari guida attraverso questa tempesta mentale, offrendoci la possibilità di immergerci completamente nel presente e di plasmare la nostra prospettiva in modi che potrebbero trasformare la nostra vita.

Mindfulness, un concetto che trova le sue radici nelle antiche pratiche spirituali orientali, è emerso come una potente forza nel mondo moderno. Al centro di questa pratica c'è l'idea di consapevolezza: l'atto di essere pienamente presenti nel momento attuale, senza giudicare o reagire in modo automatico. Attraverso la consapevolezza, impariamo a percepire i nostri pensieri, emozioni e sensazioni corporee con distacco, sviluppando una connessione più profonda con noi stessi e con il mondo che ci circonda. La mindfulness si basa sull'accettazione incondizionata di ciò che sperimentiamo, permettendoci di affrontare lo stress e le sfide con una mente aperta anziché rifuggire o sopprimere.

Dall'altra parte, il concetto di mindset si riferisce alla struttura di credenze e atteggiamenti che guidano le nostre interpretazioni e risposte alla vita. Il modo in cui percepiamo noi stessi, le nostre abilità e le situazioni influenza direttamente le nostre azioni e decisioni. Il mindset può essere tanto potente quanto limitante: un mindset fisso può portarci a credere che le nostre qualità sono innate e immutabili, mentre un mindset di crescita ci spinge a vedere le sfide come opportunità di apprendimento e crescita. Coltivare un mindset positivo e flessibile è essenziale per affrontare le sfide con resilienza e per abbracciare il cambiamento come parte inevitabile della vita.

Le origini di queste due nozioni si intrecciano con tradizioni antiche. La mindfulness, che trova le sue radici nel buddismo, è stata successivamente adottata in ambito clinico da pionieri come Jon Kabat-Zinn, che ha introdotto la Mindfulness-Based Stress Reduction (MBSR) per affrontare lo stress e il dolore cronico. Nel frattempo, il concetto di mindset è stato ampiamente studiato dalla psicologa Carol Dweck, il cui lavoro sul "mindset di crescita" ha dimostrato come le nostre convinzioni sulla nostra abilità di apprendere e migliorare possano influenzare in modo significativo i nostri risultati.

In sintesi, l'introduzione al potere del qui e ora attraverso la mindfulness e il mindset ci apre le porte a un nuovo modo di vivere. Mentre la mindfulness ci invita a immergerci completamente nel momento attuale, il mindset ci sfida a esplorare e modellare le nostre convinzioni in modi che possano catalizzare la crescita e la resilienza. Queste due forze interconnesse possono diventare pilastri su cui costruire una vita di significato, saggezza e consapevolezza, permettendoci di navigare agilmente attraverso le sfide e le gioie della vita moderna.

1.2 La Connettività tra Mindfulness e Mindset

All'interno del vasto paesaggio della crescita personale e del benessere emotivo, la sinergia tra mindfulness e mindset emerge come una coppia dinamica capace di guidarci verso una vita più appagante e consapevole. Mentre la mindfulness si concentra sull'essere profondamente immersi nel presente, il mindset ci spinge a plasmare la nostra prospettiva e le nostre reazioni. La connettività tra queste due dimensioni è la chiave per svelare il potere trasformativo del "qui e ora".

La mindfulness agisce come la fondamenta su cui costruire un mindset positivo e resiliente. Praticando la consapevolezza, impariamo a osservare i nostri pensieri e le nostre emozioni senza giudizio, creando una distanza tra noi e il flusso costante dei nostri processi mentali. Questa consapevolezza ci dà il potere di scegliere come rispondere alle sfide e alle situazioni, piuttosto che reagire impulsivamente. A sua volta, un mindset di crescita si sposa perfettamente con la mindfulness, poiché ci spinge a considerare ogni momento come un'opportunità di apprendimento. Quando siamo pienamente presenti, possiamo cogliere gli insegnamenti nascosti in ogni esperienza, arricchendo così il nostro bagaglio di conoscenze e abilità.

Da un altro punto di vista, il mindset serve come il telaio attraverso il quale la mindfulness diventa ancor più efficace. Un mindset focalizzato sulla possibilità e sulla resilienza apre la strada alla scoperta di momenti preziosi nel "qui e ora". Quando percepiamo le sfide come ostacoli temporanei invece di impedimenti insormontabili, la pratica della mindfulness diventa uno strumento ancora più potente per gestire lo stress e la pressione. Attraverso la consapevolezza, riusciamo a smontare le reazioni automatiche che potrebbero scaturire da un mindset limitante, e invece a rispondere in modo calmo e centrato.

La connettività tra mindfulness e mindset diventa un circolo virtuoso. La mindfulness ci aiuta a diventare più consapevoli dei nostri schemi mentali e dei modelli di pensiero, aprendo la strada a un'evoluzione del nostro mindset. Allo stesso tempo, coltivare un mindset di crescita rende la pratica della mindfulness più profonda, in quanto iniziamo a vedere il valore intrinseco nel momento presente e a coltivare un atteggiamento di curiosità e accettazione.

In sintesi, la sinergia tra mindfulness e mindset ci offre l'opportunità di vivere in modo più autentico, rispondere con saggezza alle sfide e abbracciare ogni momento con gratitudine. Il "qui e ora" diventa il terreno fertile in cui cresce il nostro benessere mentale e emotivo, poiché ci consente di creare spazi di calma e chiarezza nella frenesia della vita moderna. Insieme, mindfulness e mindset si intrecciano, consentendo una crescita profonda e un cambiamento positivo che si riflettono in ogni aspetto della nostra esistenza.

1.3 I Benefici del Vivere nel Qui e Ora

Vivere nel "qui e ora" rappresenta un potente antidoto alla frenesia e all'ansia che spesso caratterizzano la vita moderna. Sia la mindfulness che il mindset lavorano sinergicamente per portare una serie di benefici

11

trasformativi a coloro che abbracciano questa prospettiva, aprendo la strada a una vita più ricca di significato, consapevolezza e soddisfazione.

Uno dei primi e più tangibili benefici del vivere nel presente attraverso la pratica della mindfulness è la riduzione dello stress. Molte delle nostre ansie e preoccupazioni derivano da un'attenzione eccessiva al passato o al futuro. La mindfulness ci invita a concentrarci sul momento attuale, a esplorare i nostri pensieri e le nostre sensazioni senza giudizio. Questo ci permette di interrompere il ciclo di preoccupazione eccessiva e di focalizzare la nostra energia su ciò che possiamo effettivamente controllare. Attraverso la pratica regolare, possiamo sviluppare una maggiore resilienza emotiva e una maggiore capacità di affrontare le sfide con calma e chiarezza.

Inoltre, il vivere nel "qui e ora" ci regala un senso più profondo di presenza e connessione. Spesso trascorriamo la nostra vita immersi nei nostri dispositivi e nelle distrazioni, perdendo di vista i momenti preziosi che si svolgono intorno a noi. La mindfulness ci aiuta a riscoprire la bellezza della semplicità, a percepire i dettagli che solitamente trascuriamo e a stabilire legami più autentici con gli altri. Questo ci permette di godere appieno delle relazioni e delle esperienze, rafforzando il nostro senso di appartenenza e di interconnessione.

Dall'altro lato, coltivare un mindset centrato sul presente ci consente di amplificare questi benefici. Quando adottiamo un atteggiamento di apertura e curiosità verso il momento attuale, siamo più propensi a cogliere le opportunità che ci circondano. Questo ci aiuta a creare un senso di abbondanza e gratitudine, in quanto iniziamo a riconoscere e apprezzare le piccole gioie e i successi quotidiani. Un mindset orientato al presente ci dà la flessibilità mentale di adattarci ai cambiamenti e alle sfide con maggiore agilità, evitando di restare intrappolati nelle trappole della negatività e del pessimismo.

In definitiva, il vivere nel "qui e ora" attraverso la combinazione di mindfulness e mindset apre le porte a una vita più consapevole e soddisfacente. Riducendo lo stress, aumentando la consapevolezza e promuovendo connessioni più autentiche, questa prospettiva ci consente di abbracciare appieno l'esperienza umana. Sia che stiamo affrontando sfide impegnative o che stiamo gustando momenti di gioia, il potere del "qui e ora" ci invita a immergerci completamente nel flusso della vita, trasformando ogni istante in un'opportunità di crescita e di benessere.

1.4 Ostacoli Comuni e Miti

Sebbene l'idea di abbracciare il "qui e ora" attraverso la mindfulness e il mindset possa sembrare attraente e promettente, è importante riconoscere che ci sono ostacoli comuni e miti che possono limitare il nostro accesso a questa prospettiva trasformativa. Affrontare questi ostacoli e sfatare i miti è un passo cruciale per cogliere appieno i benefici del vivere nel presente.

Uno degli ostacoli comuni più significativi è la distrattibilità. Viviamo in un mondo iperconnesso, dove le notifiche, i social media e le continue richieste possono rubarci l'attenzione e la concentrazione. La pratica della mindfulness richiede un impegno a tornare al momento presente, ma questo può essere sfidante quando siamo costantemente spinti altrove. La soluzione sta nell'allenare la nostra mente a tornare al qui e ora, magari attraverso piccoli atti di consapevolezza durante il giorno o dedicando del tempo specifico alla pratica.

Un altro ostacolo rilevante è la ruminazione. Questo è il processo mentale di ripetere ossessivamente gli stessi pensieri, spesso negativi. La ruminazione ci lega al passato, impedendoci di vivere pienamente nel presente. Qui, il potere del mindset di crescita entra in gioco: possiamo imparare a trasformare la ruminazione in un'opportunità di riflessione e apprendimento, piuttosto che un ciclo di negatività senza fine.

Riguardo ai miti, uno dei più diffusi è che la pratica della mindfulness debba essere un'esperienza costante di calma e serenità. La realtà è che la mente è naturalmente inquieta e i pensieri continueranno ad affiorare. La mindfulness non si tratta di eliminare completamente i pensieri, ma piuttosto di sviluppare una relazione più consapevole con essi. Accettare che la mente sia in continua attività e imparare a osservarla senza giudizio è parte integrante della pratica.

Un altro mito riguarda il tempo. Alcuni potrebbero pensare che la mindfulness richieda molto tempo e sforzo. Mentre una pratica regolare può portare benefici duraturi, anche pochi minuti di consapevolezza quotidiana possono fare la differenza. Non è necessario isolarsi dal mondo per praticare la mindfulness; può essere incorporata nella vita quotidiana.

Un mito finale riguarda l'idea che un mindset positivo significhi ignorare i problemi. Coltivare un mindset di crescita non significa negare le sfide o ignorare le emozioni difficili. Al contrario, si tratta di sviluppare una prospettiva che ci permette di affrontare le sfide con apertura e risolutezza, imparando da ogni esperienza.

In conclusione, il viaggio verso il vivere nel "qui e ora" attraverso la mindfulness e il mindset può essere ostacolato da diverse sfide comuni e miti. Tuttavia, riconoscere e affrontare questi ostacoli ci mette sulla strada per sperimentare appieno i benefici di una vita consapevole e centrata sul presente. Superare la distrattibilità, trasformare la ruminazione e sfatare i miti ci permette di abbracciare la piena consapevolezza, portando così una profonda trasformazione nella nostra relazione con noi stessi e con il mondo che ci circonda.

1.5 Casi Pratici e Studi di Esempio

Per comprendere appieno il potere del "qui e ora" attraverso la sinergia tra mindfulness e mindset, è utile esplorare casi pratici e studi di esempio che dimostrano come queste pratiche abbiano influito positivamente sulla vita delle persone. Questi esempi concreti evidenziano come la consapevolezza del momento presente e l'orientamento verso un mindset di crescita possano portare cambiamenti significativi e duraturi.

Caso pratico 1: Riduzione dello stress e dell'ansia attraverso la mindfulness

Immagina Maria, una professionista impegnata che lotta costantemente contro lo stress e l'ansia legati alle sfide lavorative. Maria decide di impegnarsi nella pratica della mindfulness, partecipando a corsi e dedicando del tempo quotidiano alla meditazione e alla consapevolezza. Nel corso del tempo, Maria inizia a notare una diminuzione della sua ansia e un aumento della sua capacità di gestire lo stress. Sviluppa una maggiore consapevolezza dei suoi pensieri e delle sue emozioni, imparando a rispondere in modo calmo invece che reagire in modo impulsivo. Questa nuova prospettiva le permette di affrontare le sfide con una mente chiara e centrata, migliorando così il suo benessere complessivo.

Caso pratico 2: Trasformazione attraverso un mindset di crescita

Tom è un giovane studente che ha sempre considerato le sue abilità matematiche come fisse e limitate. Quando inizia a studiare matematica avanzata, si ritrova spesso bloccato di fronte a problemi complessi. Tuttavia, sotto l'influenza del suo insegnante che incoraggia un mindset di crescita, Tom inizia a vedere le sfide come opportunità di apprendimento anziché come prove delle sue limitazioni. Con pazienza e impegno, affronta i problemi con tenacia e cerca nuovi modi di affrontarli. Nel tempo, i suoi risultati migliorano notevolmente e sviluppa una maggiore fiducia nelle sue abilità matematiche. Questa esperienza dimostra come un cambiamento nel mindset possa portare a una trasformazione significativa delle abilità e dell'autostima.

Studio di esempio: Riduzione del dolore cronico attraverso la mindfulness

Un ampio studio clinico ha esaminato gli effetti della Mindfulness-Based Stress Reduction (MBSR) su individui affetti da dolore cronico. I partecipanti hanno partecipato a un programma di otto settimane che combinava tecniche di meditazione mindfulness con esercizi di consapevolezza del corpo. I risultati hanno dimostrato che i partecipanti hanno riportato una significativa riduzione del dolore percepito e un miglioramento della qualità della vita. Questo studio sottolinea come la mindfulness possa essere un'efficace risorsa per affrontare e gestire il dolore cronico, consentendo ai partecipanti di vivere più pienamente nonostante le sfide fisiche.

In conclusione, i casi pratici e gli studi di esempio illustrano come la combinazione di mindfulness e mindset possa avere impatti positivi e duraturi sul benessere e sulla crescita personale. Questi esempi dimostrano come la pratica del "qui e ora" possa portare a una maggiore consapevolezza, riduzione dello stress, sviluppo delle abilità e trasformazione personale. Ogni storia riflette il potenziale di trasformazione che si nasconde nell'abbracciare il presente e coltivare un atteggiamento mentale orientato alla crescita.

Capitolo 2 - La Scienza dietro Mindfulness: Come il Cervello Risponde alla Presenza

2.1 Il Cervello e la Neuroplasticità

La mente umana è una rete intricata di neuroni e sinapsi che costantemente interagiscono per creare pensieri, emozioni e azioni. Uno dei concetti chiave che sta emergendo dalla ricerca neuroscientifica è la neuroplasticità, la capacità del cervello di adattarsi e modificarsi in risposta all'esperienza. Questo fenomeno sottolinea il fatto che il cervello non è un'entità statica, ma piuttosto una struttura altamente dinamica che si modella in base a ciò che sperimentiamo e apprendiamo.

La pratica della mindfulness sfrutta questa proprietà straordinaria del cervello. Quando ci immergiamo nel momento presente attraverso la consapevolezza, stiamo attivando regioni cerebrali coinvolte nella consapevolezza, nell'attenzione e nella regolazione emotiva. In particolare, l'insula è coinvolta nel riconoscimento e nell'esperienza delle emozioni, mentre il cingolato anteriore regola l'attenzione e il controllo cognitivo. Queste aree si rafforzano attraverso la pratica costante della mindfulness, creando nuovi percorsi neurali che facilitano una maggiore consapevolezza e una migliore gestione delle emozioni.

La neuroplasticità viene ulteriormente sottolineata dalla scoperta delle cellule gliali, che svolgono un ruolo cruciale nel modellare le connessioni neurali. Le cellule gliali non solo forniscono supporto strutturale ai neuroni, ma anche contribuiscono alla plasticità cerebrale regolando la trasmissione sinaptica e modulando l'efficienza delle reti neurali coinvolte nella consapevolezza. La pratica della mindfulness sembra influenzare positivamente le cellule gliali, contribuendo a un miglioramento delle funzioni cognitive ed emotive.

Inoltre, la ricerca ha dimostrato che la mindfulness può avere effetti tangibili sulla corteccia prefrontale, una regione coinvolta nella pianificazione, nel ragionamento e nel controllo delle emozioni. Attraverso la pratica, la corteccia prefrontale diventa più densa e più spessa, suggerendo un aumento della regolazione emotiva e della capacità di attenzione. Questi cambiamenti strutturali indicano che la mindfulness non solo modifica il funzionamento cerebrale, ma può anche avere un impatto duraturo sulla struttura fisica del cervello.

In sintesi, la relazione tra la pratica della mindfulness e il cervello è supportata da una vasta base di ricerca sulla neuroplasticità. Questa ricerca dimostra che la mente è malleabile e suscettibile di cambiamenti positivi quando ci impegniamo in pratiche come la mindfulness. L'attenzione consapevole al momento presente non solo stimola regioni cerebrali cruciali per l'attenzione e la regolazione emotiva, ma contribuisce anche alla formazione di nuove connessioni neurali e all'adattamento strutturale del cervello. In ultima analisi, comprendere la scienza che sta dietro alla mindfulness ci offre una visione ancora più profonda del suo potenziale di trasformazione per la mente e il cervello umani.

2.2 L'Amigdala e la Risposta allo Stress

L'amigdala è una parte del cervello situata nell'area temporale, ed è essenziale nella regolazione delle emozioni, specialmente nella risposta allo stress e alla paura. Questa piccola struttura svolge un ruolo chiave nell'attivazione della risposta di "lotta o fuga" in situazioni minacciose, scatenando reazioni fisiologiche e emotive che preparano il corpo a reagire rapidamente.

Tuttavia, in molte situazioni moderne, la risposta dell'amigdala può essere eccessivamente attivata, portando a livelli cronici di stress, ansia e irritabilità. Qui entra in gioco la mindfulness. La pratica di essere pienamente presente e consapevoli nel momento attuale può influenzare l'attività dell'amigdala. Attraverso la mindfulness, siamo in grado di osservare le nostre emozioni e sensazioni senza reagire automaticamente. Questo crea uno spazio tra lo stimolo e la risposta, consentendoci di regolare la nostra reazione emotiva.

Ricerche recenti hanno dimostrato che la mindfulness può influenzare l'attività dell'amigdala in modi che riducono la sua reattività esagerata. In uno studio condotto da Taren et al. (2015), i partecipanti che avevano seguito un programma di riduzione dello stress basato sulla mindfulness hanno dimostrato una minore attivazione dell'amigdala in risposta a stimoli negativi rispetto a quelli che non avevano partecipato al programma. Questo suggerisce che la pratica regolare della mindfulness può aiutare a moderare la risposta allo stress e migliorare la gestione delle emozioni negative.

La connessione tra l'amigdala e la mindfulness non si limita solo all'attivazione ridotta, ma coinvolge anche il suo rapporto con altre parti del cervello. Uno studio condotto da Goldin e Gross (2010) ha rilevato che le persone con un'esperienza elevata di mindfulness mostrano una maggiore connettività tra l'amigdala e la corteccia prefrontale, una regione associata alla regolazione emotiva e all'attenzione consapevole. Questo suggerisce che la mindfulness potrebbe agevolare una maggiore consapevolezza delle emozioni e una risposta emotiva più regolata attraverso l'interazione migliorata tra queste regioni.

In sintesi, il rapporto tra l'amigdala, la mindfulness e la risposta allo stress rivela quanto la pratica della consapevolezza possa influenzare positivamente la nostra reattività emotiva. Attraverso la mindfulness, siamo in grado di creare una relazione più consapevole con le nostre emozioni, anziché essere sopraffatti da esse. Questo ha un impatto diretto sulla nostra risposta allo stress, consentendoci di affrontare le sfide con calma e resilienza. La ricerca dimostra chiaramente che la pratica della mindfulness non solo modifica il funzionamento del cervello, ma anche la nostra relazione con le emozioni e la capacità di regolare le reazioni emotive.

2.3 Il Ruolo del Cortex Prefrontale Medio

Uno degli aspetti più affascinanti della relazione tra la mindfulness e il cervello è il ruolo cruciale che il cortex prefrontale medio svolge nel promuovere una maggiore consapevolezza e un'attenzione più profonda al momento presente.

Il cortex prefrontale medio (MPFC) è una regione del cervello situata nella parte anteriore del lobo frontale, ed è coinvolta in diverse funzioni cognitive ed emotive, tra cui l'autoconsapevolezza, l'empatia e la riflessione sulla propria esperienza. La pratica della mindfulness sembra avere un impatto significativo sul funzionamento di questa regione, aprendo la strada a una maggiore presenza mentale e ad una connessione più profonda con il mondo interno ed esterno.

Uno dei modi in cui il cortex prefrontale medio è coinvolto nella mindfulness è attraverso la meta-cognizione, ovvero la consapevolezza dei propri processi cognitivi. Quando pratichiamo la mindfulness, diventiamo più attenti ai nostri pensieri, alle nostre emozioni e alle nostre reazioni. Il MPFC sembra giocare un ruolo chiave nel monitorare e regolare queste attività mentali, permettendoci di osservarle senza giudizio e di prendere distanza dai nostri schemi abituali di pensiero.

La ricerca ha dimostrato che l'attività del MPFC è spesso alterata in condizioni come l'ansia e la depressione, che sono caratterizzate da un eccesso di auto-riflessione negativa. La pratica regolare della mindfulness sembra normalizzare l'attività del MPFC, creando un equilibrio tra l'auto-consapevolezza e il giudizio. Questo è particolarmente rilevante per il vivere nel "qui e ora", poiché ci permette di esperire il momento presente con maggiore chiarezza e accettazione.

Inoltre, il cortex prefrontale medio è coinvolto nella regolazione emotiva. La pratica della mindfulness ci aiuta a riconoscere le emozioni mentre emergono, permettendo al MPFC di moderare le risposte emotive e di evitare di essere sopraffatti da esse. Questo ci dà la capacità di regolare le emozioni in modo più efficace, mantenendo un equilibrio emotivo anche di fronte a situazioni stressanti.

Infine, il cortex prefrontale medio sembra svolgere un ruolo nell'empatia e nella comprensione degli altri. La pratica della mindfulness, che promuove la consapevolezza delle proprie esperienze interne, sembra anche favorire una maggiore comprensione delle esperienze altrui. Questo può portare a relazioni più significative e connessioni più autentiche con gli altri.

In sintesi, il cortex prefrontale medio gioca un ruolo cruciale nel facilitare la pratica della mindfulness e nel promuovere una maggiore consapevolezza e presenza nel momento presente. Questa regione del cervello ci permette di osservare i nostri pensieri, emozioni e reazioni in modo non giudicante e di regolare le nostre risposte emotive. Attraverso il suo coinvolgimento nell'autoconsapevolezza, nella regolazione emotiva e nell'empatia, il MPFC diventa una chiave per abbracciare appieno il potere della mindfulness e per sperimentare una vita più ricca di consapevolezza e connessione.

2.4 La Produzione di Neurotrasmettitori Benefici

La pratica della mindfulness non solo modifica la struttura e il funzionamento del cervello, ma influisce anche sulla produzione di neurotrasmettitori, sostanze chimiche che mediano le comunicazioni tra le cellule nervose. Questi neurotrasmettitori possono avere un impatto significativo sulla nostra salute mentale e sul benessere generale.

Uno dei neurotrasmettitori chiave coinvolti nella mindfulness è la serotonina. Questo neurotrasmettitore svolge un ruolo fondamentale nella regolazione dell'umore e delle emozioni. I bassi livelli di serotonina sono spesso associati a condizioni come la depressione e l'ansia. La pratica regolare della mindfulness è stata associata ad un aumento dei livelli di serotonina nel cervello, contribuendo così a una maggiore stabilità emotiva e a una riduzione dei sintomi depressivi.

Inoltre, la mindfulness sembra influenzare il neurotrasmettitore chiamato GABA (acido gamma-aminobutirrico). Il GABA è responsabile dell'inibizione delle attività neuronali, contribuendo a ridurre l'ipersensibilità e l'ansia. Studi hanno mostrato che la pratica della mindfulness può aumentare i livelli di GABA nel cervello, portando a una maggiore calma mentale e a una diminuzione dell'ansia.

La pratica regolare della mindfulness può anche aumentare la produzione di dopamina, un neurotrasmettitore coinvolto nel sistema di ricompensa del cervello. La dopamina è associata alla sensazione di piacere e alla motivazione. Aumentare i livelli di dopamina attraverso la mindfulness può portare a una maggiore gioia, apprezzamento per le esperienze quotidiane e una maggiore motivazione per perseguire gli obiettivi.

Un altro neurotrasmettitore che può essere influenzato positivamente dalla mindfulness è l'ossitocina. Conosciuta anche come "ormone dell'amore", l'ossitocina è coinvolta nella formazione di legami sociali, nell'empatia e nel senso di connessione con gli altri. La pratica della mindfulness sembra favorire l'aumento della produzione di ossitocina, migliorando così le relazioni interpersonali e promuovendo un senso di appartenenza.

L'endorfina è un altro neurotrasmettitore che entra in gioco con la mindfulness. Spesso chiamata "ormone della felicità", l'endorfina è associata alla sensazione di benessere e al sollievo dal dolore. La pratica della mindfulness può stimolare la produzione di endorfine nel cervello, portando a una maggiore sensazione di calma e piacere.

In conclusione, la pratica della mindfulness non solo modifica il cervello a livello strutturale e funzionale, ma ha anche un impatto diretto sulla produzione di neurotrasmettitori benefici. L'aumento dei livelli di serotonina, GABA, dopamina, ossitocina e endorfine contribuisce a una maggiore stabilità emotiva, riduzione dell'ansia, maggiore gioia, miglioramento delle relazioni interpersonali e sensazioni di benessere. Questo collegamento tra mindfulness e neurotrasmettitori dimostra l'incredibile potenziale della pratica nella promozione del benessere mentale e nella creazione di una vita più ricca di significato e soddisfazione.

2.5 Studi e Ricerche Significative

L'approccio scientifico alla mindfulness ha portato a una serie di studi e ricerche significative che hanno gettato luce sulla complessa relazione tra la pratica della mindfulness e il cervello umano. Questi studi forniscono prove concrete di come il cervello risponda alla presenza e all'attenzione consapevole, rivelando così i meccanismi dietro i benefici della mindfulness.

Uno studio pubblicato sulla rivista "Proceedings of the National Academy of Sciences" (PNAS) da Brewer et al. (2011) ha esplorato come la pratica della mindfulness possa influenzare la risposta dell'amigdala alle emozioni negative. I partecipanti allo studio che avevano seguito un programma di riduzione dello stress basato sulla mindfulness hanno dimostrato una minore attivazione dell'amigdala in risposta a stimoli negativi, suggerendo un effetto regolatore sulla reazione allo stress e alla paura. Questo studio ha evidenziato l'abilità della mindfulness di modificare la risposta emotiva attraverso l'attivazione di regioni cerebrali specifiche.

Un altro studio pubblicato sulla rivista "NeuroImage" da Tang et al. (2007) ha esaminato gli effetti della pratica della meditazione mindfulness sulla struttura cerebrale. I partecipanti che avevano partecipato a un programma di meditazione mindfulness hanno mostrato un aumento della densità della materia grigia nell'insula e nel cingolato anteriore, regioni associate alla regolazione delle emozioni e all'attenzione. Questi cambiamenti strutturali indicano che la pratica della mindfulness può portare a una maggiore consapevolezza e regolazione delle emozioni.

La neuroplasticità del cervello in risposta alla mindfulness è stata esplorata anche in uno studio pubblicato su "Psychiatry Research" da Hölzel et al. (2011). Gli autori hanno utilizzato la risonanza magnetica per esaminare il cervello di individui che avevano partecipato a un programma di riduzione dello stress basato sulla mindfulness. Lo studio ha rilevato un aumento della densità della materia grigia nell'ippocampo, una regione coinvolta nella memoria e nella regolazione delle emozioni. Questo suggerisce che la pratica della mindfulness può avere un impatto sulla plasticità cerebrale e sulla funzione cognitiva.

Inoltre, uno studio pubblicato sulla rivista "Mindfulness" da Creswell et al. (2016) ha esplorato come la mindfulness possa influenzare la produzione di citochine infiammatorie. I partecipanti che avevano partecipato a un programma di riduzione dello stress basato sulla mindfulness hanno mostrato una riduzione dei livelli di citochine infiammatorie nel sangue. Questo indica che la pratica della mindfulness potrebbe avere effetti positivi sulla risposta infiammatoria del corpo, portando così a benefici per la salute generale.

In conclusione, gli studi e le ricerche significative sull'effetto della mindfulness sul cervello e sul benessere umano offrono prove concrete di come la pratica della mindfulness influenzi il funzionamento cerebrale e le risposte emotive. Questi studi dimostrano che la mindfulness può avere un impatto sulla regolazione emotiva, sulla struttura cerebrale e sulla risposta infiammatoria del corpo. La scienza dietro la mindfulness sottolinea l'importanza di questa pratica come strumento efficace per migliorare il benessere mentale, affrontare lo stress e promuovere una vita più consapevole e soddisfacente.

Capitolo 3 - Tecniche Base per la Pratica Quotidiana della Mindfulness

3.1 Respirazione Consapevole

La respirazione consapevole è uno dei pilastri fondamentali della pratica quotidiana della mindfulness. Attraverso questa tecnica, siamo in grado di annullare momentaneamente il frastuono della vita moderna e coltivare una connessione profonda con il momento presente. Questa pratica non richiede strumenti o luoghi speciali; può essere eseguita ovunque e in qualsiasi momento, rendendola una risorsa potente per coltivare la consapevolezza.

Per iniziare la pratica della respirazione consapevole, trova un luogo tranquillo dove puoi sederti comodamente. Chiudi gli occhi, se ti senti a tuo agio, e inizia a concentrarti sulla tua respirazione. Non cercare di modificarla, ma lascia che sia naturale e fluente. Diventa consapevole del ritmo del tuo respiro, notando come l'aria entra ed esce dal tuo corpo.

Ora, porta tutta la tua attenzione sul movimento del respiro. Senti l'espansione del torace e dell'addome mentre inspiri, e poi senti il rilassamento mentre espiri. Questo movimento costante diventa il tuo punto focale, un ancoraggio al momento presente.

Durante questa pratica, è normale che la mente si distrae con pensieri, preoccupazioni o distrazioni. Quando noti che la mente si è allontanata dal respiro, gentilmente riportala indietro. Senza giudicare te stesso, riporta la tua attenzione alla sensazione del respiro. Questo atto di consapevolezza e ritorno è il nucleo della pratica.

Un aspetto chiave della respirazione consapevole è l'accettazione. Accetta che la mente vagherà, accetta che emergeranno pensieri. L'obiettivo non è di bloccare i pensieri, ma di osservarli senza giudizio e di tornare al respiro. Questo processo migliora la capacità di concentrarsi e diventa una metafora per affrontare le sfide nella vita quotidiana.

La respirazione consapevole può essere praticata brevemente, per pochi minuti, o in sessioni più lunghe. L'importante è rendere questa pratica una parte regolare della tua routine quotidiana. Puoi esercitarti al mattino appena sveglio, durante una pausa al lavoro o prima di coricarti. Ogni momento dedicato alla consapevolezza respiratoria ti permette di rinnovare la tua connessione con il presente.

Oltre a portare calma mentale e riduzione dello stress, la pratica della respirazione consapevole ha effetti positivi a lungo termine. Studi hanno dimostrato che la regolare attività del sistema nervoso parasimpatico, che viene attivato attraverso la respirazione consapevole, può aiutare a ridurre la pressione sanguigna, migliorare il sonno e promuovere il rilassamento generale del corpo.

In conclusione, la tecnica della respirazione consapevole è un fondamentale punto di partenza per chiunque desideri incorporare la mindfulness nella propria vita quotidiana. Questa pratica semplice ma potente ci insegna ad essere presenti nel momento attuale, ad accettare la natura mutevole dei nostri pensieri e a coltivare la consapevolezza in ogni aspetto della vita. La respirazione consapevole è una porta d'ingresso alla consapevolezza che ci accompagna in un viaggio verso la scoperta di noi stessi e del mondo che ci circonda.

3.2 Meditazione Camminando

Oltre alla pratica di meditazione seduta, la meditazione camminando offre un'opportunità unica per coltivare la consapevolezza mentre ci muoviamo nel mondo. Questa tecnica, spesso trascurata, può portare una profonda connessione con il corpo e l'ambiente circostante, arricchendo la nostra esperienza quotidiana.

Per iniziare la meditazione camminando, scegli un luogo tranquillo e sicuro dove potrai camminare liberamente senza distrazioni. È preferibile fare questo esercizio all'aperto, ma anche un ambiente interno può funzionare bene. Inizia camminando lentamente, prestando attenzione ai tuoi passi e ai movimenti del corpo.

Concentra la tua attenzione sulla sensazione dei piedi che si sollevano e toccano il suolo. Nota come il peso del corpo si sposta da un piede all'altro mentre cammini. Mantieni uno sguardo morbido e concentrato a pochi passi davanti a te. Questo ti aiuterà a rimanere consapevole dei tuoi movimenti e dell'ambiente circostante.

Uno degli aspetti più preziosi della meditazione camminando è la consapevolezza del respiro. Coordinando il respiro con i passi, inspira contando quattro passi ed espira contandone quattro. Questa sincronizzazione crea un ritmo regolare e unificante tra il corpo e la mente.

Oltre alla sensazione fisica, porta la tua consapevolezza su altri aspetti dell'esperienza. Nota i suoni che ti circondano - il cinguettio degli uccelli, il fruscio delle foglie, i passi dei tuoi piedi. Sii presente alle sensazioni del vento sulla pelle, al calore del sole o alla freschezza dell'aria. Questa pratica ti aiuta a uscire dalla "modalità automatica" e ad immergerti pienamente nella tua esperienza sensoriale.

Così come nella meditazione seduta, durante la meditazione camminando è probabile che la mente si allontani e che i pensieri affiorino. Quando ciò accade, notalo con gentilezza e riporta la tua attenzione al respiro, ai passi o all'ambiente. Questo processo di riconoscimento e ritorno è un allenamento prezioso per la tua capacità di rimanere concentrato e consapevole.

La meditazione camminando può essere un'aggiunta straordinaria alla tua routine quotidiana. Può essere praticata in momenti in cui fai brevi pause durante il lavoro, mentre sei fuori a fare una passeggiata o anche mentre ti sposti da un luogo all'altro. Questa pratica trasforma un'attività quotidiana in un momento di consapevolezza e di riconnessione.

In conclusione, la meditazione camminando è una tecnica preziosa per chi desidera integrare la mindfulness nella vita quotidiana. Questa pratica ci insegna ad essere pienamente presenti nel nostro movimento, nei nostri sensi e nel nostro respiro mentre ci muoviamo attraverso il mondo. Offre un modo per essere consapevoli non solo quando siamo seduti in meditazione, ma anche quando siamo attivi e in movimento. La meditazione camminando ci ricorda che la consapevolezza può essere coltivata ovunque ci troviamo, trasformando ogni passo in un atto di presenza e di gratitudine.

3.3 Scansione Corporea

La scansione corporea è una tecnica fondamentale nella pratica quotidiana della mindfulness, che ci consente di stabilire un contatto profondo con il nostro corpo e con le sensazioni fisiche. Questa pratica ci connette con il momento presente, ci aiuta a sviluppare una maggiore consapevolezza corporea e ad accogliere qualsiasi sensazione con gentilezza e senza giudizio.

Per iniziare la scansione corporea, trova un luogo tranquillo dove puoi sederti o sdraiarti in modo comodo. Chiudi gli occhi e porta la tua attenzione all'interno, verso le sensazioni fisiche del tuo corpo. Inizia concentrando la tua attenzione su una parte specifica del corpo, come ad esempio i piedi.

Concentrati sulle sensazioni che provieni dai piedi. Nota la sensazione del contatto con il terreno, la temperatura, la tensione o il rilassamento. Non cercare di cambiarle, ma accogli semplicemente ciò che percepisci. Questa pratica richiede gentilezza e apertura verso tutte le sensazioni, sia piacevoli che scomode.

Dopo qualche minuto, sposta la tua attenzione ad un'altra parte del corpo, come le gambe. Nota le sensazioni, la tensione, la temperatura e ogni altro dettaglio che ti arriva. Continua a muovere la tua attenzione attraverso le diverse parti del corpo - addome, torace, braccia, mani, collo, testa - come se stessi "scansionando" il tuo corpo dall'interno.

È normale che la mente si distrae con pensieri mentre esegui questa pratica. Quando noti che la mente ha vagato, gentilmente riporta la tua attenzione alla parte del corpo che stavi esaminando. Questo ritorno alle sensazioni corporee è il nucleo della pratica, un atto di gentilezza verso te stesso e la tua esperienza attuale.

La scansione corporea è una pratica di auto-esplorazione che ci consente di entrare in contatto con il nostro corpo in modo profondo e intimo. Spesso nelle attività quotidiane siamo così presi dai nostri pensieri che perdiamo la connessione con le sensazioni fisiche. La scansione corporea ci riconnette con il nostro "qui e ora" fisico, e in tal modo ci permette di entrare in uno stato di presenza e consapevolezza.

Questa pratica ha effetti positivi sia a livello mentale che fisico. Migliora la consapevolezza corporea, aiutandoci a rilevare tensioni, disagi o segnali di stress nel corpo. Ciò ci dà l'opportunità di intervenire e alleviare queste tensioni prima che si accumulino. Inoltre, la scansione corporea favorisce la regolazione emotiva, consentendoci di osservare e accettare le sensazioni senza giudizio.

Puoi eseguire la scansione corporea in qualsiasi momento della giornata, ad esempio al mattino appena sveglio o prima di andare a dormire. Può anche essere un modo efficace per rilassarti durante una pausa al lavoro o per ritrovare la calma durante momenti di stress.

In sintesi, la pratica della scansione corporea è una chiave preziosa per coltivare la consapevolezza e la connessione con il nostro corpo. Ci insegna ad ascoltare e rispettare le sensazioni fisiche, ad accoglierle senza giudizio e a sviluppare una maggiore consapevolezza di noi stessi. Con il tempo, questa pratica può portare a una relazione più profonda e amorevole con il nostro corpo, promuovendo il benessere generale e l'equilibrio interno.

3.4 Mindfulness durante le Attività Quotidiane

La pratica della mindfulness non si limita alla meditazione formale; può essere integrata in ogni aspetto delle nostre vite quotidiane. Infatti, portare la mindfulness nelle attività quotidiane è un modo potente per coltivare la consapevolezza e la presenza in ogni momento della giornata.

Quando pratichiamo la mindfulness durante le attività quotidiane, ci impegniamo a essere completamente presenti e consapevoli mentre svolgiamo le nostre normali attività. Possiamo sperimentare il momento presente in tutto il suo splendore, anziché passare attraverso le attività in modo automatico e distaccato.

Un esempio di come incorporare la mindfulness nelle attività quotidiane è la mindful eating (alimentazione consapevole). Molto spesso, siamo inclini a mangiare velocemente senza prestar troppa attenzione ai sapori, ai profumi e alla consistenza del cibo. La mindful eating ci invita a mangiare lentamente e ad assaporare ogni morso. Notiamo i colori, i profumi e i sapori dei cibi che mettiamo nella bocca. Questa pratica non solo migliora la digestione, ma ci permette di godere appieno dell'esperienza del cibo.

Anche l'atto di lavarsi le mani può diventare un momento di mindfulness. Mentre sentiamo l'acqua scorre sulle mani, possiamo essere consapevoli delle sensazioni tattili, della temperatura dell'acqua e del suono dell'acqua che scorre. Anche questa breve attività può diventare un momento di presenza consapevole, permettendoci di staccare per un istante dalla frenesia della giornata.

Allo stesso modo, la pratica della mindfulness può essere applicata alla camminata. Mentre camminiamo, possiamo notare la sensazione dei nostri piedi che toccano il suolo, il movimento ritmico del corpo e l'aria che ci accarezza. La camminata mindfulness ci porta nel momento presente, consentendoci di rilassarci e rinnovare la nostra attenzione.

Anche l'atto di ascoltare può diventare un'opportunità di mindfulness. Quando qualcuno sta parlando, possiamo prestare attenzione non solo alle parole, ma anche al tono della voce, al linguaggio del corpo e alle espressioni facciali. Questo tipo di ascolto profondo ci connette davvero con l'esperienza dell'altro e rafforza le relazioni.

Integrare la mindfulness nelle attività quotidiane richiede un impegno a essere presenti e consapevoli. Ciò significa ridurre al minimo le distrazioni, rallentare e impegnarsi pienamente nell'attività. Anche se può sembrare difficile all'inizio, con la pratica diventa sempre più naturale.

Questa pratica ha innumerevoli benefici. Innanzitutto, ci aiuta a coltivare una presenza costante nella nostra vita quotidiana, che a sua volta riduce lo stress e l'ansia. Inoltre, ci permette di godere di momenti semplici che spesso passano inosservati. La mindfulness ci insegna anche ad ascoltare con attenzione, migliorando le nostre relazioni e la comprensione reciproca.

In sintesi, la pratica della mindfulness durante le attività quotidiane è un modo potente per coltivare la consapevolezza e la presenza nella vita di tutti i giorni. Ci aiuta a scoprire la bellezza nei dettagli, a rallentare e a godere appieno di ogni momento. Integrare la mindfulness nelle nostre attività quotidiane non solo migliora il nostro benessere mentale, ma trasforma anche la nostra relazione con il mondo che ci circonda.

3.5 L'Arte dell'Ascolto Attivo

L'arte dell'ascolto attivo rappresenta un'importante estensione della pratica della mindfulness, che va al di là dell'ascolto superficiale per abbracciare una forma profonda e rispettosa di connessione con gli altri. Spesso ci troviamo a essere presenti fisicamente, ma la mente può divagare o concentrarsi su altre questioni durante una conversazione. L'ascolto attivo ci insegna a essere totalmente presenti mentre ascoltiamo, creando un'esperienza più autentica e significativa di interazione.

L'ascolto attivo richiede più di semplicemente ascoltare le parole pronunciate da qualcuno; implica l'attenzione a tutti gli aspetti della comunicazione, compresi il tono della voce, l'espressione facciale, il linguaggio del corpo e le emozioni sottostanti. Quando pratichiamo l'ascolto attivo, ci impegniamo a mettere da parte le nostre distrazioni mentali e le preoccupazioni personali, concentrandoci interamente sulla persona di fronte a noi.

Un elemento chiave dell'ascolto attivo è l'empatia. Ci mettiamo nei panni dell'altro, cercando di comprendere le loro emozioni e prospettive senza giudicare. Questo non significa necessariamente che dobbiamo essere d'accordo con ciò che viene detto, ma che stiamo creando uno spazio aperto e rispettoso per l'espressione dell'altro.

Per praticare l'ascolto attivo, inizia creando un ambiente privo di distrazioni. Guarda la persona negli occhi e presta attenzione a ciò che stanno dicendo, evitando di interrompere o anticipare le risposte. Mostra interesse attraverso il linguaggio del corpo, come il contatto visivo, il sorriso e l'inclinazione della testa.

Ricordati di rimanere presente nel momento attuale durante l'interazione. Se noti che la tua mente sta vagando, gentilmente riportala all'ascolto e concentrazione. Evita anche di fare giudizi o interpretazioni premature; invece, fai domande aperte per approfondire la comprensione e incoraggiare la persona a esprimersi ulteriormente.

L'ascolto attivo è una pratica profondamente gratificante. Riconoscere la necessità di essere ascoltati e compresi è un bisogno umano fondamentale. Quando ascoltiamo attentamente e rispettiamo il diritto degli altri di essere ascoltati, costruiamo rapporti più autentici e significativi.

Questa pratica ha molteplici benefici. Innanzitutto, rafforza le relazioni. Quando ci sentiamo ascoltati e compresi, siamo più inclini a connetterci e comunicare apertamente. Inoltre, l'ascolto attivo migliora la comunicazione in generale, poiché comprendiamo meglio le intenzioni degli altri e possiamo rispondere in modo più mirato ed empatico.

In conclusione, l'arte dell'ascolto attivo è un'importante componente della pratica della mindfulness che arricchisce le nostre relazioni e migliora la nostra comprensione reciproca. Quando diventiamo ascoltatori attivi e rispettosi, contribuiamo a creare un ambiente di supporto, fiducia e apertura. L'ascolto attivo è un atto di gentilezza e presenza che può trasformare le nostre interazioni quotidiane in momenti di profonda connessione e crescita.

Capitolo 4 - Da Reattivi a Proattivi: Costruire un Mindset Resiliente

4.1 Comprendere la Reattività

Nella ricerca di un mindset resiliente, è fondamentale comprendere il concetto di reattività e il suo impatto sulla nostra vita. La reattività si manifesta quando rispondiamo automaticamente agli eventi e alle situazioni, spesso senza una riflessione consapevole. Questa risposta impulsiva può essere guidata dalle emozioni, dalla paura, dallo stress o da abitudini consolidate.

La reattività può impedirci di agire in modo ponderato e consapevole. Quando siamo reattivi, le nostre risposte sono guidate da schemi predefiniti che potrebbero non essere sempre appropriati alla situazione attuale. Questo può portare a decisioni affrettate, conflitti non necessari e situazioni di stress aggiuntivo.

La consapevolezza della reattività è il primo passo per sviluppare un mindset resiliente. Diventare consapevoli dei nostri modelli reattivi ci dà l'opportunità di interrompere il ciclo e di adottare una prospettiva più riflessiva. Questo livello di consapevolezza può aiutarci a riconoscere quando siamo sospinti dalle emozioni o dalle abitudini, consentendoci di rispondere in modo più adattivo e consapevole.

Un modo per sviluppare questa consapevolezza è praticare la mindfulness. La mindfulness ci insegna a osservare i nostri pensieri, emozioni e sensazioni senza giudizio. Quando diventiamo consapevoli dei nostri modelli reattivi, possiamo osservarli con distacco e prendere una pausa prima di agire. Questo spazio tra lo stimolo e la risposta è dove si trova il potere di adottare una risposta più proattiva.

La reattività spesso si manifesta attraverso trigger emotivi. Questi sono eventi o situazioni che attivano risposte emotive intense e automatiche. Riconoscere i nostri trigger emotivi ci dà la possibilità di prepararci mentalmente e sviluppare strategie per affrontarli in modo più efficace. La consapevolezza di questi trigger ci permette di rispondere con una prospettiva più ampia, piuttosto che essere travolti dalle emozioni.

È importante notare che la reattività non è necessariamente negativa. In alcune situazioni, può essere un meccanismo di sopravvivenza che ci aiuta a rispondere rapidamente a pericoli reali. Tuttavia, quando la reattività diventa la norma nella nostra vita quotidiana, può influenzare negativamente il nostro benessere e la nostra capacità di adattamento.

Per sviluppare un mindset resiliente, dobbiamo lavorare sulla nostra reattività. Questo non significa eliminare completamente le risposte automatiche, ma piuttosto imparare a riconoscerle e a rispondere in modo più consapevole. La pratica costante della mindfulness, l'auto-riflessione e lo sviluppo di strategie di gestione dello stress possono aiutarci a coltivare la consapevolezza e a trasformare la reattività in risposte più adattive.

In sintesi, comprendere la reattività è un passo fondamentale nella costruzione di un mindset resiliente. La consapevolezza dei nostri modelli reattivi ci permette di intervenire e adottare una risposta più proattiva. La pratica della mindfulness e l'attenzione ai trigger emotivi sono strumenti potenti per sviluppare questa consapevolezza. Diventare meno reattivi e più consapevoli ci dà la libertà di agire in modo più deliberato e in linea con i nostri obiettivi e valori.

4.2 Il Valore della Pausa

Nella frenesia della vita moderna, spesso diamo per scontato il potere della pausa. Tuttavia, abbracciare il concetto di "pausa" è essenziale per sviluppare un mindset resiliente e proattivo. La pausa ci dà il tempo e lo spazio per riflettere, riorganizzare le idee e reagire in modo più ponderato alle sfide quotidiane.

La pausa è più di un semplice arresto momentaneo. È un atto deliberato di interrompere l'azione, di rallentare e di permettere al nostro corpo e alla nostra mente di riadattarsi. Nella cultura dell'iperconnettività e dell'istantaneità, prendersi il tempo per una pausa può sembrare controintuitivo. Tuttavia, è proprio questa pausa che può consentirci di mantenere un equilibrio mentale ed emotivo.

Quando ci troviamo di fronte a una situazione stressante o a una decisione importante, la pausa diventa ancora più preziosa. Spesso, le reazioni reattive scaturiscono dalla fretta e dall'ansia. Invece, fermarsi per un attimo può permetterci di valutare la situazione in modo più oggettivo e di scegliere la risposta migliore.

La pratica della mindfulness può aiutarci a coltivare l'arte della pausa. Quando pratichiamo la mindfulness, impariamo a essere pienamente presenti nel momento attuale. Questo ci dà la capacità di riconoscere quando abbiamo bisogno di una pausa. Possiamo notare quando le emozioni stanno diventando travolgenti o quando la mente sta divagando troppo. In quei momenti, possiamo scegliere di fermarci, respirare profondamente e riportare la nostra attenzione al presente.

La pausa può anche essere utilizzata come una strategia per rompere il ciclo della reattività. Quando sentiamo che una risposta impulsiva sta emergendo, possiamo prendere una pausa per riflettere. Chiediamoci: "Qual è la migliore risposta a questa situazione?" o "Come posso affrontare questa sfida in modo più costruttivo?" Questo breve momento di riflessione può fare la differenza tra una risposta automatica e una scelta consapevole.

Le pause non devono essere lunghe o complesse per essere efficaci. Anche una breve pausa di qualche minuto può fare la differenza. Questo può significare allontanarsi dalla scrivania, fare alcune respirazioni profonde o semplicemente guardare fuori dalla finestra. Ciò che conta è che ci concediamo il permesso di fare una pausa e di riconnetterci con noi stessi.

In sintesi, il valore della pausa è cruciale quando si tratta di sviluppare un mindset resiliente e proattivo. La pausa ci dà il tempo per riflettere, per prendere decisioni più ponderate e per interrompere il ciclo della reattività. La pratica della mindfulness può aiutarci a coltivare questa abilità, consentendoci di essere più presenti e attenti ai nostri bisogni. Quando impariamo ad abbracciare la pausa, scopriamo una risorsa preziosa per affrontare le sfide quotidiane con calma e saggezza.

4.3 Elementi Chiave della Resilienza

La resilienza è la capacità di affrontare le sfide e le avversità con flessibilità mentale e forza emotiva. Costruire un mindset resiliente implica sviluppare una serie di elementi chiave che ci permettono di navigare attraverso le difficoltà con determinazione e ottimismo.

1. Consapevolezza Emotiva: La prima pietra angolare della resilienza è la consapevolezza delle nostre emozioni. Questo significa essere in grado di riconoscere, accettare e gestire le emozioni senza giudizio. La consapevolezza delle emozioni ci permette di evitare la soppressione o l'esagerazione delle stesse, conducendo a una migliore regolazione emotiva.

2. Flessibilità Mentale: Un mindset resiliente abbraccia la flessibilità mentale. Ciò significa essere in grado di adattarsi ai cambiamenti e di vedere le situazioni da diverse prospettive. La flessibilità mentale ci aiuta a superare gli ostacoli con una mentalità aperta e ad affrontare le sfide con creatività.

3. Ottimismo Realistico: Essere ottimisti non significa negare la realtà delle difficoltà, ma piuttosto avere fiducia nelle proprie capacità di farvi fronte. Un ottimismo realistico ci spinge a cercare soluzioni anziché concentrarci solo sulle difficoltà, contribuendo a mantenere una prospettiva positiva anche durante le avversità.

4. Rete di Supporto: La connessione con gli altri è un elemento cruciale della resilienza. Una rete di supporto solida, composta da amici, familiari o colleghi, ci fornisce sostegno emotivo e pratico durante i momenti difficili. Condividere le sfide con gli altri ci permette di sentirsi meno soli e di trarre conforto dalle esperienze condivise.

5. Auto-Compassione: Spesso siamo molto più duri con noi stessi di quanto lo siamo con gli altri. La pratica dell'auto-compassione ci insegna a trattarci con gentilezza e a essere comprensivi verso noi stessi. Questo ci permette di affrontare le sfide con una mentalità meno critica e più amorevole.

6. Pianificazione e Adattamento: Un mindset resiliente include anche la capacità di pianificare e adattarsi. Prepararsi per le sfide e avere un

piano di azione può fornire un senso di controllo e di sicurezza. Tuttavia, è altrettanto importante essere disposti ad adattare il piano quando necessario, al fine di affrontare situazioni inaspettate.

7. Apprendimento dalle Sfide: Le avversità possono essere grandi insegnanti. Un mindset resiliente ci spinge a vedere ogni sfida come un'opportunità per crescere e imparare. Riflettere sulle esperienze difficili ci consente di sviluppare una maggiore saggezza e di affrontare il futuro con maggiori competenze.

8. Autonomia e Capacità di Prendere Decisioni: Essere resilienti significa avere fiducia nella propria capacità di prendere decisioni e di affrontare le conseguenze. Una persona resiliente è in grado di assumere la responsabilità delle proprie scelte e di agire in base ai propri valori.

9. Mente Aperta al Cambiamento: Le avversità spesso portano al cambiamento. Un mindset resiliente accoglie il cambiamento come una possibilità di crescita e di evoluzione. Mantenere una mente aperta al cambiamento ci permette

di adattarci in modo più efficace alle nuove circostanze.

In sintesi, costruire un mindset resiliente richiede lo sviluppo di diversi elementi chiave. La consapevolezza emotiva, la flessibilità mentale, l'ottimismo realistico e altri aspetti contribuiscono a creare una solida base per affrontare le sfide con forza e saggezza. La resilienza non è solo la capacità di sopravvivere, ma di prosperare nonostante le avversità, imparando e crescendo lungo il percorso.

4.4 Tecniche per Sviluppare la Proattività

Sviluppare un mindset resiliente richiede un passaggio dalla reattività alla proattività. Essere proattivi significa agire in modo intenzionale, guidati dai nostri valori e obiettivi anziché essere spinti dalle circostanze. Questo approccio ci permette di gestire le sfide in modo più efficace e di creare un impatto positivo sulla nostra vita. Ecco alcune tecniche per sviluppare la proattività:

1. Identificare i Valori Fondamentali: Comprendere i propri valori fondamentali è

essenziale per guidare le decisioni e le azioni. Chiediti quali sono le cose che ritieni più importanti nella vita. Questi valori diventeranno la bussola che orienta le tue scelte e ti aiuta a essere proattivo nella realizzazione di ciò che è significativo per te.

2. Pianificare e Impostare Obiettivi: La pianificazione è uno strumento chiave per la proattività. Stabilisci obiettivi chiari e ben definiti, sia a breve che a lungo termine. Questi obiettivi fungono da stimolo per agire e ti aiutano a mantenere la tua attenzione sulle tue priorità.

3. Pratica la Gestione del Tempo: Imparare a gestire il tuo tempo in modo efficace ti consente di allocare risorse e attenzione alle attività più importanti. Utilizza strumenti come la lista delle attività o le tecniche di gestione del tempo, come la tecnica Pomodoro, per rimanere focalizzato e produttivo.

4. Prenditi Responsabilità: Essere proattivo significa prendere responsabilità per le tue azioni e decisioni. Evita di incolpare le circostanze o gli altri per le sfide che incontri.

Accetta il fatto che sei l'architetto della tua vita e che hai il potere di influenzare il tuo destino.

5. Concentrati sulle Soluzioni: Invece di concentrarti sui problemi, focalizzati sulle soluzioni. Chiediti: "Come posso affrontare questa situazione in modo costruttivo?" Trovare modi creativi ed efficaci per risolvere le sfide ti rende un agente attivo nella tua vita.

6. Mantieni una Mentalità Aperta: Essere proattivi richiede flessibilità mentale e apertura al cambiamento. Abbraccia nuove idee e prospettive, e sii disposto a modificare i tuoi piani in base alle nuove informazioni o circostanze.

7. Visualizza il Successo: Utilizza la visualizzazione per immaginare il successo nella realizzazione dei tuoi obiettivi. Immagina te stesso raggiungere i tuoi traguardi in modo soddisfacente. Questa pratica ti aiuta a mantenere l'impegno e la determinazione.

8. Fai la Scelta Consapevole: Prima di agire, prendi un momento per riflettere sulla decisione che stai per prendere. Chiediti se questa scelta è in linea con i tuoi valori e obiettivi. Essere

proattivi significa fare scelte consapevoli invece di reagire impulsivamente.

9. Coltiva la Consapevolezza: La pratica della mindfulness ti aiuta a essere consapevole del tuo stato mentale e delle tue emozioni. Questa consapevolezza ti dà la possibilità di prendere una pausa prima di rispondere, consentendoti di scegliere la risposta migliore anziché essere spinto da emozioni reattive.

In sintesi, sviluppare la proattività è una componente chiave nella costruzione di un mindset resiliente. Queste tecniche ti permettono di assumere il controllo della tua vita, di agire in modo intenzionale e di affrontare le sfide con determinazione. La proattività ti dà la libertà di essere l'autore della tua storia, adattandoti con agilità alle sfide e costruendo un futuro allineato ai tuoi valori e obiettivi.

4.5 L'Integrazione della Mindfulness nella Costruzione di un Mindset Resiliente

L'integrazione della mindfulness è una componente essenziale nella costruzione di un mindset resiliente. La mindfulness, intesa come consapevolezza del momento presente senza giudizio, offre una base solida per sviluppare la proattività e affrontare le sfide con equanimità. Questa pratica non solo ci aiuta a diventare più consapevoli delle nostre risposte reattive, ma ci permette anche di coltivare la capacità di rispondere in modo più intenzionale e riflessivo.

La mindfulness ci insegna a essere pienamente presenti nel momento attuale, riconoscendo i nostri pensieri, emozioni e sensazioni senza giudizio. Questa consapevolezza ci dà il potere di osservare i modelli reattivi che emergono in risposta alle sfide e alle avversità. Allo stesso tempo, ci offre la libertà di scegliere come rispondere anziché agire in modo impulsivo.

Nel processo di costruzione di un mindset resiliente, la mindfulness svolge diversi ruoli fondamentali:

1. Riconoscimento delle Emozioni: La mindfulness ci insegna ad accogliere le emozioni che emergono senza reprimere o evitare. Questo riconoscimento consapevole delle emozioni ci permette di comprendere meglio le nostre reazioni emotive e di affrontarle in modo più efficace.

2. Regolazione Emotiva: Praticare la mindfulness ci aiuta a sviluppare la capacità di regolare le nostre emozioni. Quando siamo consapevoli delle emozioni in modo non giudicante, possiamo rispondere in modo più calmo e controllato anziché essere sopraffatti dalle emozioni negative.

3. Riduzione dello Stress: La pratica regolare della mindfulness è stata dimostrata essere efficace nella riduzione dello stress. Quando siamo meno stressati, siamo più in grado di affrontare le sfide in modo proattivo, senza lasciarci travolgere dalla tensione.

4. Risposte Intenzionali: La mindfulness ci permette di prendere una pausa tra lo stimolo e la risposta. Questo spazio consente di scegliere consapevolmente come rispondere alla situazione. Invece di reagire impulsivamente, possiamo agire in modo allineato con i nostri valori e obiettivi.

5. Mente Aperta e Flessibilità: La mindfulness ci invita a essere aperti e flessibili di fronte alle sfide. Essere presenti al momento presente ci aiuta a vedere le situazioni in modo più

obiettivo, permettendoci di adattarci in modo più efficace alle circostanze mutevoli.

6. Coltivare la Gratitudine: La mindfulness ci insegna a notare le piccole gioie e le gratificazioni della vita quotidiana. Questa pratica di coltivare la gratitudine ci aiuta a mantenere una prospettiva positiva e a focalizzarci sugli aspetti positivi anche durante le sfide.

Incorporare la mindfulness nella costruzione di un mindset resiliente richiede pratica e impegno costante. È un processo che coinvolge l'allenamento della mente per essere sempre più consapevole e presente. Attraverso la pratica regolare della mindfulness, possiamo sviluppare la capacità di rispondere in modo più proattivo, affrontando le avversità con resilienza e gentilezza. L'integrazione della mindfulness ci offre uno strumento prezioso per coltivare una mente forte, resiliente e aperta a tutte le sfide che la vita ci presenta.

Capitolo 5 - Strumenti di Autoregolazione: Gestire lo Stress e le Emozioni Difficili

5.1 Cos'è l'Autoregolazione e Perché è Essenziale

L'autoregolazione è un insieme di competenze mentali ed emotive che ci permettono di controllare e gestire le nostre reazioni, emozioni e comportamenti in modo efficace e costruttivo. Questa abilità è fondamentale per il benessere mentale, le relazioni interpersonali sane e il raggiungimento dei nostri obiettivi. Viviamo in un mondo caratterizzato da continue sfide e cambiamenti, e l'autoregolazione ci fornisce strumenti essenziali per affrontare in modo adeguato lo stress e le emozioni difficili che possono emergere.

L'autoregolazione non significa reprimere o negare le emozioni, ma piuttosto comprendere e gestire le nostre risposte in modo equilibrato. Questa capacità ci consente di mantenere la calma durante le situazioni stressanti, prendere decisioni ponderate e interagire con gli altri in modo empatico.

L'essenza dell'autoregolazione risiede nella consapevolezza. Essere consapevoli delle nostre emozioni, pensieri e comportamenti è il primo passo per gestirli in modo adeguato. Quando siamo consapevoli di ciò che sta accadendo dentro di noi, possiamo prendere il controllo delle nostre reazioni invece di essere spinti dalle emozioni reattive.

L'autoregolazione è essenziale per diverse ragioni:

1. Gestione dello Stress: La vita è piena di situazioni stressanti, ma possiamo imparare a gestirle in modo efficace attraverso l'autoregolazione. Imparando a riconoscere i segnali fisici e mentali dello stress, possiamo attivare strategie per rilassarci e ristabilire l'equilibrio.

2. Empatia e Relazioni: L'autoregolazione ci aiuta ad essere più empatici e tolleranti nei confronti degli altri. Quando siamo in grado di controllare

le nostre reazioni impulsive, possiamo rispondere in modo più gentile e comprensivo, costruendo relazioni interpersonali più forti.

3. Decisioni Consapevoli: Essere in grado di regolare le emozioni e mantenere la calma ci consente di prendere decisioni consapevoli e ben ponderate. Evitiamo di essere influenzati da emozioni forti che potrebbero nuocere alle nostre scelte.

4. Benessere Mentale: L'autoregolazione contribuisce al benessere mentale generale. Imparando a gestire le emozioni difficili, riduciamo il rischio di ansia, depressione e altre problematiche mentali.

5. Crescita Personale: L'autoregolazione è una chiave per la crescita personale. Ci sfida a superare le nostre reazioni automatiche e ad adottare un approccio più maturo e riflessivo alle sfide.

6. Performance Ottimale: Nell'ambito professionale e accademico, l'autoregolazione è essenziale per una performance ottimale.

Gestire lo stress e mantenere il focus ci aiuta a raggiungere i nostri obiettivi con successo.

In conclusione, l'autoregolazione è una competenza cruciale per affrontare lo stress e le emozioni difficili. Questa abilità ci dà il potere di controllare le nostre risposte, prendere decisioni consapevoli e mantenere il benessere mentale. Attraverso la pratica costante dell'autoregolazione, possiamo costruire una base solida per una vita equilibrata, relazioni interpersonali positive e realizzazione personale.

5.2 Il Ciclo dello Stress e la Sua Gestione

Lo stress è una parte inevitabile della vita, ma imparare a gestirlo in modo efficace è fondamentale per il nostro benessere mentale e fisico. Per comprendere appieno come gestire lo stress, è utile esaminare il ciclo dello stress e le strategie per interromperlo in modo proattivo.

Il ciclo dello stress è un ciclo autoalimentante che inizia con uno stimolo stressante e si evolve attraverso una serie di reazioni fisiche e mentali. Una volta innescato, il ciclo può continuare a peggiorare, portando a una maggiore tensione e ansia. Tuttavia, attraverso la consapevolezza e l'autoregolazione, è possibile interrompere questo ciclo dannoso.

Il ciclo dello stress si sviluppa in tre fasi chiave:

1. Fase dello Stimolo: Questa fase inizia con uno stimolo stressante, che può essere qualsiasi cosa da una scadenza imminente a una situazione di conflitto interpersonale. In risposta allo stimolo, il corpo attiva la risposta di lotta o fuga, rilasciando ormoni dello stress come il cortisolo.

2. Fase della Reazione: Durante questa fase, il corpo reagisce allo stimolo con sintomi fisici e mentali, come tensione muscolare, aumento del battito cardiaco, pensieri ansiosi e irritabilità. Queste reazioni amplificano ulteriormente la sensazione di stress e possono influenzare il nostro comportamento e il nostro benessere emotivo.

3. Fase del Rafforzamento: In questa fase, le reazioni allo stress possono rafforzarsi a vicenda. Ad esempio, la tensione muscolare può portare a una maggiore irritabilità, che a sua volta può intensificare la reazione emotiva allo stress.

Questo ciclo può continuare fino a quando non si interviene in modo consapevole per interromperlo.

La gestione efficace dello stress coinvolge l'interrompere questo ciclo in una fase precoce. Ecco alcune strategie per farlo:

1. Consapevolezza: La consapevolezza è il primo passo per interrompere il ciclo dello stress. Riconoscere i segnali fisici e mentali dello stress ci consente di prendere atto prima che si intensifichi.

2. Respirazione Profonda: La respirazione profonda è un modo efficace per calmare la risposta di lotta o fuga. Praticare respirazioni lente e profonde aiuta a ridurre la tensione muscolare e a promuovere il rilassamento.

3. Mindfulness: La pratica della mindfulness ci aiuta a rimanere presenti nel momento attuale, evitando che la nostra mente vaghi verso pensieri ansiosi sul futuro o rimugini sul passato.

4. Tecniche di Rilassamento: Utilizzare tecniche di rilassamento, come lo stretching, il massaggio

o la meditazione, può aiutare a ridurre la tensione fisica e mentale.

5. Cambiare la Prospettiva: Esaminare lo stimolo stressante da diverse angolazioni può aiutare a ridimensionarlo e a ridurre la sua intensità emotiva.

6. Gestione del Tempo: Organizzare il tempo in modo efficace può ridurre la sensazione di fretta e pressione, contribuendo a rompere il ciclo dello stress.

In sintesi, gestire lo stress richiede la consapevolezza del ciclo dello stress e l'uso di strategie per interromperlo. Attraverso la pratica costante di tecniche di autoregolazione, possiamo ridurre la reattività allo stress, migliorare il nostro benessere e affrontare le sfide con una mentalità più calma e concentrata.

5.3 Riconoscimento e Accettazione delle Emozioni

Nella complessità della vita, le emozioni giocano un ruolo cruciale nel nostro benessere emotivo e nelle nostre reazioni alle situazioni.

Riconoscere e accettare le emozioni, specialmente quelle difficili, è una parte fondamentale dell'autoregolazione e della gestione dello stress. Questo processo ci consente di navigare attraverso le sfide con una maggiore consapevolezza e equilibrio.

Riconoscimento delle Emozioni

Il riconoscimento delle emozioni significa essere consapevoli di ciò che stiamo sentendo in un dato momento. Troppo spesso, cerchiamo di negare o reprimere le emozioni spiacevoli, sperando che spariscano da sole. Tuttavia, il rifiuto delle emozioni può portare a una maggiore tensione interna e persino a reazioni incontrollate. Riconoscere le emozioni, sia positive che negative, è il primo passo per affrontarle in modo costruttivo.

La pratica della mindfulness è uno strumento potente per riconoscere le emozioni. Sintonizzarsi con il momento presente e prestare attenzione alle sensazioni fisiche e alle sensazioni che emergono può aiutare a identificare le emozioni in modo chiaro. Senza giudicare o etichettare le emozioni come "buone" o "cattive", possiamo semplicemente osservarle e prendere atto della loro presenza.

Accettazione delle Emozioni

L'accettazione delle emozioni va oltre il semplice riconoscimento. Significa permettere alle emozioni di esistere senza cercare di cambiarle o sopprimerle. Accettare le emozioni non significa che dobbiamo essere d'accordo con esse o che dobbiamo lasciarci sopraffare da esse. Piuttosto, si tratta di osservarle con gentilezza e compassione.

L'accettazione delle emozioni ci consente di evitare la lotta interna contro ciò che stiamo vivendo. Quando ci permettiamo di sentire ciò che stiamo sentendo, possiamo trattare noi stessi con più gentilezza e amore. Questo processo può portare a una maggiore tolleranza delle emozioni difficili e alla riduzione del loro impatto negativo sulla nostra vita.

La pratica dell'accettazione delle emozioni può essere sfidante, soprattutto quando si tratta di emozioni dolorose come la tristezza, la rabbia o la paura. Tuttavia, questa pratica ci dà la libertà di essere autentici e di vivere una gamma completa di emozioni senza paura di giudizio. Invece di combattere contro le emozioni, possiamo imparare a convivere con esse in modo più equilibrato.

In sintesi, riconoscere e accettare le emozioni è un passo cruciale nell'autoregolazione e nella gestione dello stress. Questa pratica ci consente di avere una maggiore comprensione di noi stessi, di evitare la reazione impulsiva alle emozioni e di navigare attraverso le sfide con una mente più calma e equanime. Accogliere le emozioni con gentilezza e compassione è un regalo che possiamo fare a noi stessi, consentendoci di vivere in modo più autentico e rispondere alle situazioni con maggiore saggezza.

5.4 Tecniche di Grounding per il Riequilibrio Emotivo

Le tecniche di grounding sono strumenti potenti per il riequilibrio emotivo e la gestione delle emozioni difficili. Queste pratiche si basano sulla connessione con il presente momento attraverso i cinque sensi, aiutandoci a sintonizzarci con la realtà e a distogliere l'attenzione dalle emozioni travolgenti. Le tecniche di grounding possono essere particolarmente utili quando si sperimenta ansia, panico o rabbia intensa.

Mindful Observation (Osservazione Consapevole): Questa tecnica coinvolge l'osservare attentamente ciò che ti circonda. Trova cinque oggetti visibili, quattro oggetti tangibili, tre suoni udibili, due odori e un sapore. Concentrati su ciascuno di questi elementi per un breve periodo di tempo, notando i dettagli e le sensazioni che evocano.

5-4-3-2-1 Technique (Tecnica 5-4-3-2-1): Identifica cinque cose che puoi vedere, quattro che puoi toccare, tre che puoi sentire, due che puoi annusare e una che puoi gustare. Questa tecnica ti connette con il tuo ambiente attraverso i sensi, interrompendo il flusso delle emozioni intense.

Box Breathing (Respiro a Scatola): Questa pratica di respirazione coinvolge cicli di respiri controllati. Inspirando per un conteggio di quattro, trattieni il respiro per quattro, espiri per quattro e poi tieni il respiro fuori per quattro. Questo ritmo regolare di respirazione aiuta a calmare il sistema nervoso e a focalizzarti sul presente.

Body Scan (Scansione Corporea): Chiudi gli occhi e concentra la tua attenzione su diverse parti del tuo corpo. Inizia dalla testa e procedi verso i piedi, notando le sensazioni e la tensione in ogni area. Questa pratica ti aiuta a connetterti con il tuo corpo e a liberare la tensione accumulata.

Grounding with Senses (Grounding attraverso i Sensi): Sintonizzati con ciascuno dei tuoi cinque sensi. Guarda intorno a te e identifica cinque cose che puoi vedere. Tocca qualcosa e concentra la tua attenzione sulla sensazione. Ascolta attentamente i suoni che ti circondano. Annusa un odore presente nell'ambiente. Infine, se possibile, gusta qualcosa e osserva il suo sapore.

Walking Mindfully (Camminare con Consapevolezza): Durante una passeggiata, concentrati sulle sensazioni fisiche dei tuoi piedi che colpiscono il suolo. Nota il movimento delle gambe, le sensazioni del vento o del sole sulla pelle e gli odori nell'aria. Questa pratica ti aiuta a radicarti nel presente attraverso il movimento del corpo.

Queste tecniche di grounding sono strumenti preziosi da avere a disposizione quando si affrontano emozioni intense o momenti di stress. Sono semplici, ma incredibilmente efficaci nel riportarti al momento presente e nel calmare la mente. Praticandole regolarmente, puoi sviluppare una maggiore consapevolezza e controllo sulle tue emozioni, contribuendo al tuo benessere emotivo complessivo.

5.5 Costruire un Toolkit Personale di Autoregolazione

Nel percorso verso il benessere emotivo e la gestione efficace dello stress, costruire un toolkit personale di autoregolazione è come armarsi di risorse preziose per affrontare le sfide quotidiane. Questo toolkit è composto da una varietà di strumenti e tecniche che puoi attingere quando hai bisogno di riequilibrare le emozioni, trovare la calma interiore e migliorare la tua resilienza.

Identifica le Tue Esigenze: Prima di costruire il tuo toolkit, prenditi un momento per riflettere sulle tue esigenze personali. Quali emozioni e situazioni ti causano maggiormente stress? Cosa ti aiuta a rilassarti e a sentirsi meglio? Comprendere le tue esigenze ti aiuterà a selezionare le tecniche più adatte per te.

Variazione delle Tecniche: Un toolkit efficace include una varietà di tecniche, perché ciò che funziona in un momento potrebbe non essere appropriato in un altro. Ad esempio, mentre la meditazione può essere utile in alcune circostanze, in altre potrebbe essere più efficace una passeggiata all'aperto o una tecnica di respirazione.

Tecniche di Rilassamento: Le tecniche di rilassamento sono un pilastro del toolkit di autoregolazione. Queste possono includere la meditazione, la respirazione profonda, lo stretching o il rilassamento muscolare progressivo. Sperimenta diverse tecniche e identifica quali ti aiutano a rilassarti meglio.

Tecniche di Grounding: Le tecniche di grounding sono strumenti potenti per riconnettersi con il presente momento. Questi possono comprendere l'osservazione consapevole, la pratica dei cinque sensi o la camminata consapevole. Queste tecniche ti aiutano a distogliere l'attenzione dalle emozioni travolgenti e a riequilibrarti.

Pratiche di Mindfulness: La mindfulness è un elemento chiave nella gestione dello stress e delle emozioni difficili. Le tecniche di mindfulness includono la meditazione, la scansione corporea e l'arte dell'ascolto attivo. Queste pratiche ti insegnano a essere pienamente presente nel momento attuale senza giudizio.

Attività Piacevoli: Includi nel tuo toolkit attività che ti procurano piacere e gioia. Potrebbe trattarsi di leggere un libro, ascoltare musica, fare una passeggiata in natura o dedicarti a un hobby. Queste attività possono agire come un'ancora emotiva positiva durante momenti difficili.

Creare uno Spazio Sicuro: Costruire uno spazio fisico dedicato al rilassamento e alla riflessione può essere parte integrante del tuo toolkit.

Questo spazio può essere arricchito con oggetti che ti ispirano, come candele profumate, foto significative o oggetti tattili.

Agire in Modo Intenzionale: Il tuo toolkit di autoregolazione deve essere usato in modo intenzionale. Quando sperimenti emozioni difficili o stress, prenditi il tempo per consultare il tuo toolkit e scegliere la tecnica che meglio si adatta alla situazione.

Costruire un toolkit personale di autoregolazione richiede tempo e sperimentazione. Non tutte le tecniche funzioneranno per tutti, quindi è importante essere aperti a nuove pratiche e ad adattarle alle tue esigenze. Con il tempo, sviluppare un toolkit solido ti aiuterà a gestire lo stress e le emozioni difficili in modo più efficace, consentendoti di navigare attraverso le sfide con maggior consapevolezza e resilienza.

Capitolo 6 - L'Intersezione tra Mindfulness e Crescita Personale: Coltivare un Mindset di Apprendimento

6.1 Il Concetto di Crescita Personale

La crescita personale rappresenta un viaggio intrapreso per sviluppare il proprio potenziale, migliorare la propria qualità di vita e raggiungere uno stato di benessere più profondo e soddisfacente. È un processo continuo di esplorazione, apprendimento e trasformazione che coinvolge ogni aspetto della vita di un individuo sia a livello personale che professionale.

Al cuore della crescita personale vi è il desiderio di diventare la versione migliore di sé stessi. Questo percorso non riguarda solo il raggiungimento di obiettivi tangibili, ma anche lo sviluppo di abilità, la maturazione emotiva, il miglioramento delle relazioni e la scoperta di un senso più profondo di scopo nella vita. La crescita personale non ha mai una fine definita; è piuttosto un impegno costante per evolvere, apprendere e adattarsi alle sfide e alle opportunità che si presentano lungo il cammino.

La crescita personale è profondamente intrecciata con la mindfulness e un mindset di apprendimento. La mindfulness, che implica una presenza consapevole e accettante nel momento presente, può essere vista come il fondamento su cui si basa la crescita personale. Essere pienamente consapevoli delle proprie emozioni, pensieri e reazioni è essenziale per comprendere i propri schemi comportamentali e per iniziare il processo di cambiamento.

Un mindset di apprendimento è un atteggiamento mentale aperto e orientato verso il miglioramento costante. Implica la volontà di accettare le sfide come opportunità di apprendimento, di abbracciare l'incertezza come parte integrante del percorso e di vedere i fallimenti come passi verso il successo. Questo mindset è essenziale per la crescita personale, poiché ci spinge a cercare nuove conoscenze, a sfidare le nostre convinzioni limitanti e a sviluppare nuove abilità.

Inoltre, la crescita personale richiede una profonda riflessione e auto esplorazione. La mindfulness entra in gioco in questo contesto, poiché ci permette di esplorare i nostri pensieri, emozioni e comportamenti senza giudizio. Questo tipo di autoesame consapevole è fondamentale per identificare aree in cui possiamo migliorare, superare blocchi mentali e sviluppare nuove prospettive.

In sintesi, la crescita personale rappresenta un viaggio di trasformazione e miglioramento che coinvolge il continuo sviluppo delle abilità, delle relazioni e della consapevolezza di sé. È il processo di diventare la migliore versione di sé stessi attraverso la riflessione, l'apprendimento e l'adozione di un mindset di apprendimento. La mindfulness gioca un ruolo cruciale in questo processo, fornendo la base per l'auto esplorazione e il cambiamento positivo. Quando la mindfulness e la crescita personale si uniscono, si crea un potente strumento per affrontare le sfide della vita con saggezza, resilienza e un desiderio costante di miglioramento.

6.2 Mindfulness: La Chiave dell'Autoconsapevolezza

La pratica della mindfulness, con la sua attenzione consapevole e senza giudizio al momento presente, è fondamentale per sviluppare un mindset di apprendimento e per intraprendere un percorso significativo di crescita personale. L'autoconsapevolezza è la chiave che apre la porta alla comprensione di sé stessi, delle proprie reazioni e dei propri modelli comportamentali, consentendo così la trasformazione personale.

La mindfulness ci insegna a sintonizzarci con noi stessi in modo profondo e genuino. Mentre conduciamo le nostre vite frenetiche, spesso ci lasciamo trasportare dalle attività quotidiane senza riflettere su ciò che stiamo facendo o come ci sentiamo. La pratica della mindfulness ci invita a rallentare, a prestare attenzione ai nostri pensieri, emozioni e sensazioni fisiche, senza giudizio. Questo atto di auto osservazione ci consente di sviluppare una maggiore autoconsapevolezza.

L'autoconsapevolezza, alimentata dalla mindfulness, ci permette di identificare i nostri schemi comportamentali automatici e le reazioni istintive. Quando diventiamo consapevoli di questi modelli, abbiamo la possibilità di esaminarli in modo critico. Chiedendoci perché reagiamo in un certo modo in determinate situazioni, possiamo scoprire le radici di queste risposte e se sono ancora adatte o se necessitano di aggiornamenti.

L'autoconsapevolezza ci aiuta anche a riconoscere le nostre forze e le nostre sfide. Identificare ciò in cui eccelliamo e ciò su cui dobbiamo lavorare ci dà un punto di partenza per il nostro percorso di crescita personale. La mindfulness ci consente di accogliere queste scoperte con gentilezza e senza giudizio, creando uno spazio sicuro per esplorare i nostri aspetti sia positivi che da migliorare.

La connessione tra mindfulness e autoconsapevolezza è anche un potente strumento per la gestione delle emozioni. Mentre diventiamo più consapevoli delle nostre emozioni in tempo reale, possiamo osservarle senza reagire impulsivamente. Questo ci dà la possibilità di scegliere come rispondere invece di reagire automaticamente. Ad esempio, possiamo notare una rabbia crescente e decidere di prendere una pausa prima di rispondere, invece di lasciarci trasportare dalla rabbia.

In conclusione, la pratica della mindfulness è il fondamento dell'autoconsapevolezza, che a sua volta è fondamentale per coltivare un mindset di apprendimento e intraprendere un viaggio di crescita personale significativo. Essere consapevoli di sé stessi in modo empatico e aperto ci dà la possibilità di esplorare, comprendere e trasformare noi stessi. Quando adottiamo questo approccio, siamo in grado di affrontare le sfide con una mentalità aperta e flessibile, imparando dalle esperienze e crescendo costantemente come individui.

6.3 Il Mindset di Apprendimento: Oltre la Zona di Comfort

Il mindset di apprendimento rappresenta l'atteggiamento mentale che abbraccia il desiderio costante di crescere, svilupparsi e imparare nuove cose. È il riconoscimento che il nostro potenziale di crescita è illimitato e che possiamo sfidare le nostre convinzioni e le nostre abitudini per raggiungere livelli più elevati di realizzazione personale. Questo mindset trova un terreno fertile nell'intersezione tra mindfulness e crescita personale, poiché entrambi sottolineano la consapevolezza, la flessibilità e la volontà di affrontare l'ignoto.

Un aspetto centrale del mindset di apprendimento è la volontà di uscire dalla propria zona di comfort. Spesso, ci troviamo aggrappati alle routine e alle situazioni familiari perché ci danno una sensazione di sicurezza. Tuttavia, il vero apprendimento avviene quando ci avventuriamo al di fuori dei confini familiari e ci immergiamo in nuove esperienze. La mindfulness gioca un ruolo essenziale in questo processo, poiché ci aiuta a stare presenti e consapevoli mentre esploriamo territori sconosciuti.

La pratica della mindfulness ci insegna a guardare con occhi freschi e senza preconcetti. Quando applichiamo questo principio al nostro approccio verso nuove sfide, siamo in grado di adottare un'attitudine curiosa e aperta. Invece di temere l'incertezza, iniziamo a vederla come un'opportunità di apprendimento. Questa mentalità ci spinge a chiederci "Cosa posso imparare da questa situazione?" anziché "Cosa potrebbe andare storto?".

Attraverso la pratica della mindfulness, impariamo anche a gestire le nostre reazioni al fallimento e agli ostacoli. Invece di lasciarci travolgere dalla frustrazione o dall'auto-critica, impariamo a osservare le nostre emozioni e a trattarle con gentilezza. Questo ci permette di imparare dai nostri errori e di vedere i fallimenti come opportunità di crescita. Il mindset di apprendimento abbraccia l'idea che non ci sono fallimenti permanenti, solo feedback che ci indica dove possiamo migliorare.

Un altro aspetto importante del mindset di apprendimento è la capacità di affrontare le sfide con pazienza e perseveranza. La mindfulness ci insegna a essere pazienti con noi stessi, ad accogliere ogni momento con accettazione e a sperimentare senza giudizio. Questo atteggiamento gentile ci aiuta a rimanere impegnati anche quando le cose diventano difficili. Attraverso la pratica costante e la disposizione a imparare, sviluppiamo la resilienza necessaria per superare gli ostacoli lungo il percorso di crescita personale.

In sintesi, il mindset di apprendimento è un approccio fondamentale per la crescita personale e si basa sull'apertura verso nuove esperienze, l'accettazione dell'ignoto e la capacità di imparare dai successi e dai fallimenti. La pratica della mindfulness gioca un ruolo cruciale nell'alimentare questo mindset, poiché ci insegna a essere consapevoli, gentili e pazienti mentre esploriamo il terreno sconosciuto della nostra evoluzione personale. Quando coltiviamo un mindset di apprendimento attraverso la mindfulness, ci prepariamo a vivere una vita arricchita, sfidante e gratificante.

6.4 Tecniche di Riflessione e Introspezione per la Crescita

Nell'incrocio tra mindfulness e crescita personale, le tecniche di riflessione e introspezione giocano un ruolo cruciale nell'approfondire la consapevolezza di sé e nel coltivare un mindset di apprendimento. Queste pratiche ci permettono di esplorare le profondità della nostra mente, di comprendere meglio i nostri pensieri e di scoprire modelli di comportamento che possono ostacolare o facilitare la crescita personale.

Journaling (Scrittura Riflessiva): Il journaling è una tecnica potente che coinvolge la scrittura consapevole dei propri pensieri, emozioni e esperienze. Questa pratica ci permette di esternalizzare ciò che altrimenti potrebbe rimanere inespresso nella nostra mente. Scrivere su ciò che stiamo affrontando, i nostri obiettivi, i successi e le sfide, ci dà l'opportunità di esaminare le nostre esperienze da diverse prospettive. La pratica regolare del journaling ci aiuta a identificare schemi ricorrenti, a individuare aree di crescita e a seguire il nostro progresso nel tempo.

Meditazione Riflessiva: La meditazione riflessiva è una pratica che ci invita a rivolgere l'attenzione in modo intenzionale verso un argomento o un problema specifico. Durante questa pratica, ci immergiamo in una riflessione profonda, cercando di ottenere una comprensione più completa delle situazioni o delle questioni che stiamo esaminando. La meditazione riflessiva ci aiuta a vedere le sfumature nascoste, a sviluppare empatia per noi stessi e per gli altri, e a prendere decisioni più consapevoli.

Domande Guidate: Farsi domande guida può essere un modo potente per esplorare la propria mente e ottenere chiarezza. Le domande guidate possono riguardare obiettivi personali, desideri, timori, convinzioni limitanti o qualsiasi altra area di interesse. Ad esempio, chiedersi "Quali sono i miei valori fondamentali?" o "Come posso superare questa sfida?" può guidare il processo di introspezione e stimolare il pensiero critico.

Conversazioni Significative: Intrattenere conversazioni profonde con sé stessi o con gli altri è un altro modo per approfondire la propria consapevolezza. Condividere le proprie esperienze, pensieri e obiettivi con un amico fidato o con un mentore può portare a nuove prospettive e insight. Queste conversazioni possono aiutarci a vedere le situazioni da angolazioni diverse e a ottenere feedback costruttivo.

Retrospettiva Personale: Periodicamente, prenditi del tempo per riflettere sul tuo percorso di crescita. Guarda indietro agli obiettivi che hai raggiunto, agli ostacoli che hai superato e alle lezioni che hai imparato. Identifica i cambiamenti che hai apportato alla tua vita e come questi hanno influenzato il tuo benessere e la tua felicità complessivi. Questo esercizio ti aiuta a valutare il tuo progresso e a trarre ispirazione per le future sfide.

In sintesi, le tecniche di riflessione e introspezione sono strumenti preziosi nella crescita personale attraverso la mindfulness. Queste pratiche ci permettono di esplorare la nostra mente, di imparare da noi stessi e di sviluppare un mindset di apprendimento. Attraverso il journaling, la meditazione riflessiva, le domande guidate, le conversazioni significative e le retrospettive personali, possiamo acquisire una comprensione più profonda di chi siamo, dei nostri obiettivi e dei modi per raggiungerli. La combinazione di queste pratiche con la mindfulness ci prepara per un viaggio di crescita personale che abbraccia il cambiamento, l'apprendimento e l'evoluzione costante.

6.5 Integrare la Mindfulness e il Mindset di Apprendimento nella Routine

L'integrazione della mindfulness e del mindset di apprendimento nella routine quotidiana è il passo cruciale per coltivare una mentalità di crescita e consapevolezza continua. Non è sufficiente trattarli come elementi separati, ma piuttosto come due forze sinergiche che si rafforzano a vicenda per promuovere una vita più arricchente e significativa.

Svegliarsi con Intenzione: Inizia la giornata con un'attitudine di consapevolezza. Prima di alzarti dal letto, dedica alcuni minuti a praticare la respirazione consapevole o a eseguire una breve meditazione. Questo ti aiuta a stabilire un tono positivo per la giornata e a coltivare la presenza mentale fin dal mattino.

Mindfulness nelle Attività Quotidiane: Integra la mindfulness nelle tue attività quotidiane. Che si tratti di mangiare, fare la doccia, camminare o lavorare, cerca di essere pienamente presente in ciò che stai facendo. Sintonizzati con i tuoi sensi, osserva le sensazioni e sperimenta l'attività con totale consapevolezza.

Pause di Riflessione: Pianifica delle pause durante il giorno per riflettere sulla tua situazione attuale, sul tuo stato mentale e sulle tue emozioni. Utilizza questo tempo per praticare la meditazione breve, annotare i tuoi pensieri nel tuo diario o semplicemente per prendere consapevolmente un momento di respiro.

Apprendimento Attivo: Ogni giorno, dedica del tempo all'apprendimento. Leggi libri, ascolta podcast, partecipa a corsi online o partecipa a discussioni che ti sfidano a vedere le cose da nuove prospettive. Mantenere viva la curiosità ti aiuta a mantenere un mindset di apprendimento.

Regolazione durante il Giorno: Integra momenti di autoregolazione nelle tue giornate. Quando senti che lo stress aumenta o le emozioni si fanno intense, prenditi del tempo per praticare tecniche di respirazione, grounding o meditazione breve. Queste pause ti aiutano a mantenere la calma e a ritrovare il tuo centro.

Riflessioni Serali: Prima di andare a letto, rifletti sulla giornata. Considera ciò che hai imparato, le sfide che hai affrontato e le tue reazioni emotive. Questo processo di introspezione ti aiuta a riconoscere i momenti di crescita e a individuare aree in cui puoi migliorare.

Coltivare la Gratitudine: Integrare la gratitudine nella tua routine quotidiana è un modo potente per promuovere la mindfulness e il mindset di apprendimento. Prima di andare a letto o al risveglio, prenditi un momento per riflettere su ciò per cui sei grato. Questo ti aiuta a rimanere focalizzato sulle opportunità e sugli aspetti positivi della vita.

Monitoraggio del Progresso: Periodicamente, rifletti sul tuo progresso nel coltivare la mindfulness e il mindset di apprendimento. Tieni un registro delle tue esperienze, delle sfide superate e delle lezioni apprese. Questo ti aiuta a vedere come stai crescendo e come puoi continuare a evolvere.

Integrare la mindfulness e il mindset di apprendimento nella routine quotidiana richiede impegno e costanza. Tuttavia, i benefici che ne derivano sono incommensurabili. La tua vita diventa un costante viaggio di scoperta, crescita e connessione con te stesso e con il mondo circostante. Quando queste due forze lavorano insieme, si creano le basi per una vita più significativa, consapevole e appagante.

Capitolo 7 - Esercizi Pratici per Intrecciare Mindfulness e Auto Scoperta

7.1 Meditazione di Auto-Osservazione

La meditazione di auto-osservazione è un potente esercizio che combina la pratica della mindfulness con l'approfondimento della consapevolezza di sé. Questo esercizio ti consente di esplorare i tuoi pensieri, emozioni e sensazioni in modo approfondito, creando uno spazio sicuro per l'auto scoperta e la crescita personale.

Preparazione: Trova un luogo tranquillo dove puoi sederti o sdraiarti comodamente. Chiudi gli occhi e prendi qualche respiro profondo per rilassarti. Porta la tua attenzione al momento presente e rilascia ogni tensione nel corpo.

Consapevolezza del Respiro: Inizia focalizzandoti sulla tua respirazione. Osserva il flusso naturale del respiro, senza cercare di modificarlo. Nota come l'aria entra ed esce dal tuo corpo. Questo ti aiuta a stabilire un punto di ancoraggio nel momento presente.

Esplorazione dei Pensieri: Una volta che sei in sintonia con il respiro, inizia a osservare i tuoi pensieri. Lascia che i tuoi pensieri affiorino nella tua mente, come nuvole che passano nel cielo. Non giudicarli, semplicemente osservali come uno spettatore neutrale. Nota quali pensieri emergono, se sono legati al passato, al futuro o al momento presente.

Esplorazione delle Emozioni: Dopo aver esplorato i pensieri, porta la tua attenzione alle emozioni che stai sperimentando. Non solo identificare l'emozione, ma cerca di sentirne la sensazione nel tuo corpo. Ad esempio, se provi ansia, dove la senti nel tuo corpo? Accogli l'emozione con gentilezza e apertura.

Sensazioni Fisiche: Sposta la tua attenzione alle sensazioni fisiche nel tuo corpo. Scansiona il tuo corpo mentalmente, dalla testa ai piedi, notando qualsiasi tensione, sensazione di calore o formicolio. Questo ti aiuta a collegarti con le sensazioni fisiche che possono essere spesso trascurate nella vita di tutti i giorni.

Abbracciare la Complessità: Durante la meditazione di auto-osservazione, potresti notare che i pensieri, le emozioni e le sensazioni sono interconnessi. Ad esempio, potresti scoprire che un certo pensiero induce un'emozione specifica, che a sua volta provoca una sensazione fisica. Questa consapevolezza ti aiuta a vedere la complessità della tua esperienza interna.

Pratica Senza Giudizio: Mentre esegui questa meditazione, ricorda di farlo senza giudizio. Accogli tutto ciò che sorge, sia esso positivo o negativo. Questa pratica ti insegna ad accettare la totalità di te stesso, comprese le parti che potresti trovare scomode o difficili.

Conclusione: Dopo aver completato la meditazione di auto-osservazione, prenditi un momento per ritornare al tuo respiro. Riconoscere il lavoro che hai fatto nella scoperta di te stesso e nella tua pratica di mindfulness. Quando ti senti pronto, apri lentamente gli occhi.

La meditazione di auto-osservazione è un'opportunità per esplorare i diversi aspetti di te stesso in un contesto di gentilezza e apertura. Questo esercizio ti permette di approfondire la consapevolezza di te stesso e di sviluppare una maggiore comprensione delle tue emozioni, pensieri e sensazioni. Quando la mindfulness si fonde con l'auto scoperta, crei uno spazio interno per la crescita personale e la trasformazione.

7.2 Diario della Consapevolezza

Il diario della consapevolezza è un potente strumento che ti consente di unire la pratica della mindfulness all'esplorazione interiore e all'auto scoperta. Questo esercizio ti offre uno spazio sicuro per riflettere sulla tua giornata, sulle tue emozioni, sui pensieri e sulle esperienze, aiutandoti a sviluppare una maggiore consapevolezza di te stesso.

Inizio della Giornata: Inizia la tua giornata dedicando alcuni minuti al diario della consapevolezza. Siediti in un luogo tranquillo, porta la tua attenzione al momento presente e focalizzati sul respiro. Prendi qualche respiro profondo per centrarti.

Riflessione Mattutina: Scrivi brevemente su ciò che ti aspetti dalla giornata. Quali impegni hai? Quali sfide potresti affrontare? Quali emozioni stai sperimentando al momento? Questo esercizio ti aiuta a impostare un'intenzione per la giornata e a prepararti mentalmente.

Esplorazione delle Emozioni: Durante la giornata, prenditi dei momenti per riflettere sulle tue emozioni. Chiediti come ti senti in diversi momenti e circostanze. Identifica le emozioni positive e quelle negative. Questo ti aiuta a essere consapevole delle tue reazioni emotive.

Registro dei Pensieri: Ogni volta che ti rendi conto di avere un pensiero significativo, prendi nota nel diario. Può essere un'idea, una preoccupazione o una riflessione. Annota anche come ti senti in quel momento. Questo ti aiuta a monitorare i tuoi pensieri e le tue emozioni nel corso della giornata.

Momenti di Consapevolezza: Focalizza la tua attenzione su momenti specifici di consapevolezza durante la giornata. Potrebbe essere il sapore del cibo che mangi, la sensazione del sole sulla pelle o l'odore dell'aria fresca. Scrivi in dettaglio su queste esperienze, concentrandoti su tutti i sensi coinvolti.

Riflessione Sera: Prima di andare a letto, rifletti sulla tua giornata nel diario della consapevolezza. Scrivi su cosa hai sperimentato, come hai reagito alle situazioni, cosa hai imparato da determinate esperienze. Questo esercizio ti aiuta a chiudere la giornata in modo consapevole.

Riconoscimento delle Sfide: Nel diario della consapevolezza, annota le sfide che hai affrontato durante la giornata. Questo ti dà l'opportunità di esplorare come hai reagito e cosa hai imparato da queste situazioni. Puoi anche riflettere su come potresti affrontare situazioni simili in futuro.

Esplorazione dell'Autenticità: Nel diario, prendi nota dei momenti in cui hai agito in linea con i tuoi valori e la tua autenticità. Questi momenti possono essere indicatori di crescita personale.

Considera anche situazioni in cui hai scelto di comportarti in un modo che non riflette la tua vera essenza.

Pratica della Gratitudine: Termina ogni voce nel diario con un momento di gratitudine. Annota almeno una cosa per cui sei grato quel giorno. Questa pratica aiuta a mantenere un'attitudine positiva e a coltivare un mindset di apprezzamento.

Il diario della consapevolezza è uno strumento di auto esplorazione che ti accompagna attraverso la tua giornata, offrendoti la possibilità di approfondire la consapevolezza di te stesso e di sviluppare una maggiore comprensione delle tue emozioni, pensieri e reazioni. Questo esercizio crea uno spazio interno per l'autoriflessione e la crescita personale, consentendoti di affrontare la vita con maggiore presenza, consapevolezza e saggezza.

7.3 La Pratica del Silenzio Intenzionale

La pratica del silenzio intenzionale è un esercizio potente che fonde la mindfulness con l'auto scoperta attraverso il potere del silenzio e della quiete. In un mondo sempre più frenetico e rumoroso, prendersi il tempo per immergersi nel silenzio può essere una fonte di profonda connessione interiore e crescita personale.

Creare uno Spazio Silenzioso: Trova un luogo tranquillo dove puoi essere libero dalle distrazioni esterne. Questo può essere una stanza silenziosa, un angolo accogliente nella natura o qualsiasi altro luogo che ti permetta di sperimentare il silenzio in modo completo.

Semplicità e Minimizzazione: Prima di iniziare, semplifica l'ambiente intorno a te. Elimina oggetti che potrebbero distrarti e crea un'atmosfera di minimalismo visivo. Questo aiuta a creare uno spazio di silenzio interno ed esterno.

Prendi Consapevolmente il Silenzio: Siediti comodamente e chiudi gli occhi. Porta la tua attenzione al silenzio intorno a te. Nota i suoni lievi o il totale assenza di suoni. Concentrati sulla quiete e lascia che il silenzio avvolga la tua mente.

Respiro Consapevole: Inizia a focalizzarti sul tuo respiro. Nota l'entrata e l'uscita dell'aria mentre respiri. Il respiro diventa un punto di ancoraggio, un'ancora nel momento presente mentre ti immergi nel silenzio.

Consapevolezza dell'Interno: Ora, porta la tua attenzione all'interno di te stesso. Nota i tuoi pensieri, le tue emozioni e le sensazioni fisiche senza giudicarli. Questo è un momento per accogliere tutto ciò che emerge senza la necessità di agire su di esso.

Ascolto Profondo: Inizia a esplorare il tuo mondo interno in silenzio. Ascolta i pensieri che affiorano, osserva le emozioni che emergono e sintonizzati con le sensazioni fisiche nel tuo corpo. Questo esercizio di ascolto profondo ti permette di scoprire nuove sfumature della tua mente.

Apertura all'Auto scoperta: Durante la pratica del silenzio intenzionale, potresti scoprire pensieri, emozioni o riflessioni che non avevi notato prima. Questo spazio di silenzio crea una piattaforma per l'auto scoperta e ti permette di entrare in contatto con parti di te stesso che potrebbero essere state trascurate.

Fine con Gratitudine: Quando ti senti pronto a concludere la pratica, fai qualche respiro profondo e apri lentamente gli occhi. Porta con te un senso di gratitudine per il tempo dedicato al silenzio e alla connessione con te stesso.

La pratica del silenzio intenzionale è un'opportunità di immergersi profondamente in te stesso e di coltivare una connessione interiore autentica. Questo esercizio offre uno spazio per l'auto scoperta, l'auto-riflessione e la calma mentale. Attraverso il silenzio, puoi accedere a livelli più profondi della tua mente e sviluppare una maggiore consapevolezza di te stesso, dei tuoi pensieri e delle tue emozioni. Il silenzio intenzionale diventa un regalo prezioso che puoi concederti per nutrire il tuo benessere mentale e spirituale.

7.4 Esplorazione Sensoriale Quotidiana

L'esplorazione sensoriale quotidiana è un'attività che ti consente di immergerti completamente nell'esperienza sensoriale del momento presente. Questo esercizio combina la pratica della mindfulness con l'approfondimento della consapevolezza attraverso i tuoi sensi, aprendo un mondo di scoperta e auto scoperta nelle tue attività quotidiane.

Consapevolezza dei Sensi: Inizia prendendo consapevolezza dei tuoi cinque sensi: vista, udito, tatto, olfatto e gusto. Questi sono i canali attraverso i quali interagiamo con il mondo. Riconosci l'importanza di ciascuno di essi nell'esperienza umana.

Momento Presente: Scegli un momento durante la giornata in cui puoi dedicarti all'esplorazione sensoriale. Può essere mentre mangi un pasto, durante una passeggiata, o anche mentre svolgi un'attività domestica. Assicurati che l'ambiente sia tranquillo e privo di distrazioni.

Esplorazione Visiva: Durante l'attività scelta, porta la tua attenzione al senso della vista. Osserva ogni dettaglio del tuo ambiente. Nota i colori, le forme, le sfumature e le texture. Rallenta il tuo sguardo e prenditi il tempo per notare anche i dettagli più sottili.

Ascolto Attivo: Dopo aver esplorato la vista, sposta la tua attenzione all'udito. Prendi nota dei suoni che ti circondano. Sono suoni vicini o lontani? Sono tranquilli o intensi? Non giudicare i suoni, ma ascolta con una mente aperta.

Consapevolezza del Tocco: Ora focalizzati sul senso del tatto. Sperimenta le sensazioni fisiche mentre tocchi oggetti o interagisci con l'ambiente. Nota la temperatura, la consistenza e la sensazione tattile. Anche il contatto con la tua pelle e il contatto con il terreno possono essere oggetto di esplorazione.

Esplorazione degli Odori e dei Sapori: Porta la tua attenzione all'olfatto e al gusto. Nota gli odori nell'aria o gli odori che provengono dagli oggetti vicini. Durante i pasti, sii consapevole dei sapori che sperimenti. Senti la varietà di gusti e come si combinano tra loro.

Sintonizzarsi con le Sensazioni Interne: Dopo aver esplorato i sensi esterni, prenditi un momento per sintonizzarti con le sensazioni interne del tuo corpo. Come risponde il tuo corpo alle esperienze sensoriali? Riesci a percepire qualche reazione fisica o emotiva?

Riflessione Post-Esperienza: Dopo aver completato l'esplorazione sensoriale, prenditi del tempo per riflettere sull'esperienza. Cosa hai scoperto attraverso questa pratica? Hai notato qualcosa di nuovo o di inaspettato? Quali emozioni o pensieri sono emersi?

Integrazione nella Routine: L'esplorazione sensoriale quotidiana può diventare una parte naturale della tua routine. Sperimenta l'uso dei tuoi sensi in modo consapevole in diverse situazioni. Con il tempo, questa pratica ti aiuta a sviluppare una maggiore consapevolezza del mondo intorno a te e della tua connessione con esso.

L'esplorazione sensoriale quotidiana è un modo per vivere ogni momento con profonda consapevolezza e gratitudine. Attraverso l'uso consapevole dei tuoi sensi, puoi sperimentare il presente in modo più intenso, rivelando dettagli e bellezze che spesso passano inosservati. Questo esercizio ti connette con l'esperienza sensoriale e ti invita a scoprire nuove sfumature di te stesso e del mondo circostante.

7.5 Riflessione Guidata sulle Esperienze Passate

La riflessione guidata sulle esperienze passate è un potente strumento che combina la pratica della mindfulness con un'esplorazione intenzionale delle tue esperienze passate. Questo esercizio ti permette di imparare da ciò che hai vissuto, sviluppando una maggiore consapevolezza di te stesso e delle tue reazioni.

Preparazione Mentale: Prima di iniziare, trova un luogo tranquillo dove puoi sederti comodamente. Chiudi gli occhi e prendi qualche respiro profondo per rilassarti e centrarti nel momento presente.

Riflessione sulla Giornata: Inizia concentrandoti sulla giornata appena trascorsa. Ricorda gli eventi, le interazioni e le situazioni che hai vissuto. Non giudicare nulla come buono o cattivo, ma osserva semplicemente ciò che è accaduto.

Esplorazione delle Emozioni: Una volta che hai rievocato gli eventi, prendi nota delle emozioni che hai sperimentato durante la giornata. Hanno avuto origine da situazioni specifiche? Come hai reagito emotivamente?

Osservazione dei Pensieri: Prosegui riflettendo sui pensieri che hai avuto. Hai notato schemi di pensiero ricorrenti? Quali tipi di pensieri sono emersi durante le diverse situazioni?

Riflessione sugli Insegnamenti: Chiediti cosa hai imparato dalle tue esperienze. Ci sono momenti di crescita personale o sfide che possono essere trasformate in opportunità di apprendimento? Sii onesto con te stesso nel riconoscere i tuoi successi e le aree in cui potresti migliorare.

Accettazione e Auto-Compassione: Durante la riflessione, pratica l'accettazione e l'auto-compassione. Non giudicarti severamente per eventuali errori o momenti difficili. Riconosci che siamo tutti umani e soggetti a imperfezioni.

Identificazione di Valori: Rifletti su come le tue azioni e reazioni si allineano con i tuoi valori personali. Hai agito in modo coerente con ciò che consideri importante? Questo ti aiuta a sviluppare una maggiore coerenza tra ciò che fai e ciò che credi.

Pianificazione per il Futuro: Alla fine della riflessione, prenditi del tempo per pianificare come puoi applicare ciò che hai imparato alle tue future esperienze. Come puoi utilizzare queste consapevolezze per reagire in modo più consapevole e coerente?

Gratitudine e Apprezzamento: Concludi la riflessione con un momento di gratitudine per le esperienze passate e per l'opportunità di apprendere e crescere. Riconosci che ogni esperienza ha un valore nell'evoluzione della tua consapevolezza.

La riflessione guidata sulle esperienze passate è uno strumento prezioso per sviluppare la consapevolezza di te stesso e per imparare dagli eventi che hai vissuto. Questo esercizio ti permette di esplorare le tue emozioni, i tuoi pensieri e le tue reazioni in modo obiettivo e compassionevole. Inoltre, ti aiuta a sviluppare una maggiore capacità di apprendere dai tuoi successi e dalle tue sfide, consentendoti di progredire lungo il tuo percorso di crescita personale.

Capitolo 8 - Il Ruolo del Mindset nella Definizione degli Obiettivi e nel Superamento degli Ostacoli

8.1 Mindset Fisso vs. Mindset di Crescita

Il concetto di mindset svolge un ruolo cruciale nella definizione degli obiettivi personali e nel superamento degli ostacoli lungo il percorso di crescita. Uno dei paradigmi più significativi in questo contesto è la distinzione tra il mindset fisso e il mindset di crescita, concetti introdotti dalla psicologa Carol Dweck.

Mindset Fisso: Un mindset fisso è basato sull'idea che le qualità personali, come l'intelligenza e le abilità, siano innate e immutabili. Le persone con un mindset fisso tendono a vedere il successo come il risultato di talenti innati, evitando spesso le sfide che potrebbero mettere in discussione la loro autostima.

Mindset di Crescita: Al contrario, un mindset di crescita implica che le qualità personali possono essere sviluppate attraverso l'esperienza, l'apprendimento e lo sforzo costante. Le persone con un mindset di crescita sono disposte a mettersi alla prova, accettando le sfide come opportunità per imparare e migliorare. Vedono il fallimento come una tappa sulla strada verso il successo.

L'importanza di queste due prospettive nel contesto della definizione degli obiettivi e del superamento degli ostacoli è profonda. Un mindset fisso può limitare la capacità di impostare obiettivi ambiziosi, poiché si può temere il fallimento come una conferma di limiti intrinseci. Le sfide potrebbero essere evitate per paura di non riuscire, impedendo così la crescita personale.

D'altra parte, il mindset di crescita favorisce la definizione di obiettivi sfidanti e ambiziosi. Le persone con questo tipo di mindset vedono le sfide come opportunità per espandersi e imparare. L'atteggiamento verso il fallimento è diverso: invece di demoralizzarsi, lo vedono come una possibilità di analizzare cosa è andato storto e come migliorare.

Quando si tratta di superare gli ostacoli, il mindset fisso può portare alla frustrazione e all'abbandono quando le cose non vanno come previsto. Al contrario, il mindset di crescita favorisce la perseveranza e la resilienza. Le sfide sono affrontate con determinazione e sforzo, poiché si riconosce che ogni difficoltà è un'opportunità per crescere e svilupparsi.

La buona notizia è che il mindset non è una caratteristica fissa. Può essere coltivato e cambiato nel tempo attraverso la consapevolezza e lo sforzo cosciente. Diventare consapevoli del proprio mindset attuale è il primo passo per adottare un'ottica di crescita. La pratica della mindfulness, insieme a una riflessione onesta e approfondita, può aiutare a identificare i modelli di pensiero limitanti e a sostituirli con quelli che favoriscono una mentalità di apprendimento e crescita.

In conclusione, il mindset gioca un ruolo fondamentale nel plasmare la definizione degli obiettivi e nell'affrontare gli ostacoli. Adottare un mindset di crescita può essere la chiave per raggiungere risultati significativi e per superare sfide in modo resiliente. La consapevolezza di quale mindset si sta coltivando può trasformarsi in un catalizzatore per un cambiamento positivo e per un percorso di crescita personale più profondo.

8.2 La Visione dell'Obiettivo attraverso l'Occhio del Mindset

Quando si tratta di definire obiettivi significativi e superare gli ostacoli lungo il percorso, il mindset con cui guardiamo a questi aspetti può fare la differenza tra il successo e la stagnazione. La visione dell'obiettivo attraverso l'occhio del mindset è un approccio che può influenzare notevolmente la nostra prospettiva, le nostre azioni e i risultati che otteniamo.

Un mindset positivo e orientato alla crescita ci consente di vedere gli obiettivi come sfide stimolanti anziché come insormontabili montagne. Guardare all'obiettivo attraverso questo lente apre una serie di opportunità:

1. Focus sulla Possibilità: Con un mindset di crescita, vediamo gli obiettivi come sfide che possono essere superate attraverso l'impegno e l'apprendimento. Ci concentriamo sulla possibilità di crescere, svilupparci e imparare nuove abilità lungo il percorso.

2. Determinazione nel Superamento degli Ostacoli: Un mindset di crescita ci dà la determinazione di affrontare gli ostacoli con resilienza. Vediamo le difficoltà come opportunità per affinare le nostre abilità e diventare più forti nel processo.

3. Accettazione del Fallimento come Parte del Processo: Un'importante caratteristica del mindset di crescita è la capacità di accettare il fallimento come parte naturale del processo di raggiungimento degli obiettivi. Questo non ci demoralizza, ma ci motiva a imparare dagli errori e migliorare nel tempo.

4. Flessibilità e Adattamento: Un mindset di crescita ci rende più flessibili nell'adattarci alle circostanze mutevoli e nell'apportare modifiche al nostro percorso. Non siamo vincolati rigidamente a un'unica strategia, ma siamo

disposti a cercare nuovi modi di affrontare le sfide.

5. Celebrazione dei Progressi: Un mindset di crescita ci insegna a riconoscere e celebrare anche i piccoli progressi lungo il cammino. Questo ci aiuta a rimanere motivati e a mantenere l'entusiasmo nel perseguire i nostri obiettivi.

6. Auto-Consapevolezza e Auto-Riflessione: Questo mindset ci incoraggia a praticare l'auto-consapevolezza e l'auto-riflessione costanti. Siamo aperti a esaminare i nostri pensieri, le nostre emozioni e i nostri comportamenti, in modo da apportare costantemente miglioramenti.

7. Crescita Personale Duratura: Attraverso un mindset di crescita, l'obiettivo diventa non solo il raggiungimento di un risultato, ma anche il viaggio stesso di crescita personale. Questo ci porta a impegnarci in un processo continuo di apprendimento e miglioramento.

In sintesi, la visione dell'obiettivo attraverso l'occhio del mindset influenza la nostra percezione, le nostre azioni e i risultati che otteniamo. Un mindset di crescita apre porte e opportunità che potrebbero essere altrimenti sfuggite. Ci spinge a vedere il lato positivo delle sfide, ad abbracciare il cambiamento e a sviluppare una mentalità di apprendimento. Attraverso questo approccio, gli obiettivi non sono semplicemente traguardi da raggiungere, ma occasioni per crescere, evolvere e diventare la migliore versione di noi stessi.

8.3 Strategie Mentali per Affrontare le Sfide

Nel percorso verso il raggiungimento degli obiettivi e nel superamento degli ostacoli, le strategie mentali giocano un ruolo cruciale. Queste strategie influenzano il nostro modo di affrontare le sfide e di interpretare le difficoltà lungo il cammino. Un mindset positivo e proattivo può fare la differenza nel determinare il successo.

1. Riorienta il Pensiero Negativo: Quando ci si trova di fronte a un ostacolo, è naturale avere pensieri negativi. Tuttavia, un mindset di crescita implica il riorientamento di questi pensieri. Sostituisci "Non posso farlo" con "Non posso

farlo ancora". Questo piccolo cambiamento di prospettiva può fare una grande differenza nella tua fiducia e nell'affrontare le sfide.

2. Focalizza sul Processo, Non Solo sui Risultati: Concentrarsi esclusivamente sul risultato finale può causare ansia e pressione. Invece, metti l'accento sul processo di apprendimento e miglioramento. Riconosci che ogni passo avanti, anche se piccolo, ti avvicina al tuo obiettivo.

3. Abbraccia la Resilienza: La resilienza è la capacità di rimanere forte e adattarsi alle avversità. Coltiva la resilienza vedendo gli ostacoli come opportunità per sviluppare questa qualità. Ogni volta che superi un ostacolo, diventi più forte e più resistente.

4. Impara dai Fallimenti: I fallimenti non sono indicatori di incapacità, ma opportunità di apprendimento. Analizza ciò che è andato storto e cosa puoi fare diversamente la prossima volta. Questo ti aiuta a crescere e migliorare costantemente.

5. Mantieni una Prospettiva di Apprendimento: Un mindset di crescita implica una prospettiva

costante di apprendimento. Vedi ogni esperienza come un'occasione per imparare qualcosa di nuovo su te stesso e sul mondo che ti circonda.

6. Sfrutta la Tua Forza Interiore: Scava nella tua forza interiore quando affronti ostacoli. Ricorda situazioni difficili che hai superato in passato e come sei cresciuto grazie ad esse. Questo ti darà fiducia nella tua capacità di superare le sfide attuali.

7. Pratica la Consapevolezza: La pratica della mindfulness ti aiuta a rimanere presente nel momento attuale. Questo è particolarmente utile quando incontri ostacoli, poiché ti permette di affrontarli con calma e chiarezza mentale.

8. Mantieni un Dialogo Positivo con Te Stesso: La tua voce interiore ha un impatto significativo sul tuo mindset. Sii gentile con te stesso e usa un linguaggio positivo. Evita l'autocritica e invece incoraggia te stesso come faresti con un amico.

9. Cerca Supporto: Non è necessario affrontare le sfide da soli. Cerca supporto da amici, familiari

o mentori. Condividere le tue sfide può fornirti nuove prospettive e incoraggiamento.

10. Visualizza il Successo: Immagina te stesso superare gli ostacoli e raggiungere i tuoi obiettivi con successo. La visualizzazione positiva può rafforzare il tuo impegno e alimentare la tua determinazione.

Le strategie mentali giocate nel tuo approccio alle sfide possono influenzare la tua capacità di superarle. Un mindset di crescita, combinato con queste strategie, ti aiuta a trasformare le sfide in opportunità di crescita e apprendimento. Ogni ostacolo diventa un trampolino per diventare una versione migliore di te stesso, mentre i tuoi obiettivi diventano una guida per un percorso di evoluzione personale continua.

8.4 La Forza della Mentalità Positiva nel Percorso verso il Successo

La mentalità positiva è una forza motrice potente che gioca un ruolo essenziale nella definizione degli obiettivi e nel superamento degli ostacoli lungo il cammino verso il successo.

La prospettiva che adottiamo influisce direttamente sulla nostra capacità di affrontare le sfide e perseguire i nostri obiettivi con determinazione. Una mentalità positiva non significa evitare le difficoltà, ma affrontarle con ottimismo, risolutezza e speranza.

1. Stimolo alla Definizione degli Obiettivi Ambiziosi: Una mentalità positiva ci spinge a definire obiettivi ambiziosi, poiché crediamo nella nostra capacità di raggiungerli. Ci vediamo già al traguardo, immaginando il successo come una realtà possibile e tangibile.

2. Riduzione dello Stress e dell'Ansia: Un mindset positivo ci aiuta a ridurre lo stress e l'ansia associati al raggiungimento degli obiettivi. Affrontiamo le sfide con fiducia, riducendo la paura di fallire e il carico emotivo negativo.

3. Aumento della Resilienza: Una mentalità positiva ci rende più resilienti di fronte alle avversità. Siamo in grado di rimanere forti anche quando le cose non vanno come previsto, poiché vediamo ogni ostacolo come un'opportunità per crescere.

4. Miglioramento dell'Auto-Efficacia: La mentalità positiva alimenta la nostra auto-efficacia, cioè la fiducia nella nostra capacità di raggiungere gli obiettivi. Questa fiducia ci spinge a intraprendere azioni concrete per realizzare ciò che desideriamo.

5. Incentivo alla Creatività e all'Innovazione: Un mindset positivo ci incoraggia a esplorare nuove soluzioni, a cercare approcci innovativi e a pensare in modo creativo. Vediamo le sfide come opportunità per sperimentare, imparare e crescere.

6. Focalizzazione sulle Soluzioni: Una mentalità positiva ci aiuta a concentrarci sulle soluzioni anziché sui problemi. Questo ci permette di affrontare le sfide con ottimismo, cercando modi per superarle anziché lamentarci delle difficoltà.

7. Atteggiamento Proattivo: Con una mentalità positiva, adottiamo un atteggiamento proattivo nel cercare soluzioni e affrontare le sfide. Siamo meno inclini a sentirsi vittime delle circostanze e più inclini a prendere il controllo delle nostre azioni.

8. Attrae Energie Positive: Una prospettiva positiva attira energie positive. Le persone che emanano ottimismo e fiducia spesso attirano supporto, collaborazioni e opportunità che favoriscono il loro percorso verso il successo.

9. Mantenimento della Motivazione: Una mentalità positiva mantiene la nostra motivazione alta anche durante le sfide più difficili. Vediamo ogni passo avanti come un successo e un progresso verso il nostro obiettivo finale.

10. Benefici per la Salute Mentale e Fisica: Una prospettiva positiva ha benefici per la salute mentale e fisica. Riduce lo stress cronico, migliora l'umore e contribuisce a una migliore qualità della vita complessiva.

In conclusione, la forza della mentalità positiva è innegabile nel nostro percorso verso il successo. Quando affrontiamo le sfide con ottimismo, intraprendenza e speranza, aumentiamo le nostre probabilità di raggiungere i nostri obiettivi. Una mentalità positiva non solo ci guida attraverso le difficoltà, ma ci ispira anche a coltivare una prospettiva di crescita continua.

Con un mindset positivo, possiamo affrontare le sfide con coraggio, abbracciare il cambiamento e costruire una realtà che riflette la nostra determinazione e il nostro spirito resiliente.

8.5 Reinventare gli Ostacoli come Opportunità

Una prospettiva potente che un mindset di crescita può offrire è la capacità di reinventare gli ostacoli come opportunità. Invece di vedere le sfide come impedimenti al nostro progresso, possiamo imparare a coglierle come occasioni per crescere, imparare e svilupparci. Questo approccio non solo cambia la nostra relazione con gli ostacoli, ma modifica profondamente il nostro modo di affrontarli.

1. Ricerca di Apprendimento: Gli ostacoli offrono l'opportunità di apprendere. Ogni sfida può essere vista come una lezione che ci insegna nuove abilità, strategie e conoscenze. Attraverso questa lente, non c'è mai un vero "fallimento", solo un'opportunità per migliorare.

2. Incentivo alla Creatività: Le difficoltà ci spingono a pensare fuori dagli schemi e ad essere creativi nella ricerca di soluzioni. L'idea di

dover trovare un nuovo modo per superare l'ostacolo stimola l'innovazione e la scoperta di nuove possibilità.

3. Sviluppo della Resilienza: Affrontare gli ostacoli ci rende più forti e più resistenti. Ogni volta che superiamo una difficoltà, costruiamo una sorta di "muscolo" di resilienza che ci prepara meglio per sfide future.

4. Espansione della Zona di Comfort: Le sfide ci portano fuori dalla nostra zona di comfort, permettendoci di crescere e progredire. Ciò che potrebbe sembrare inizialmente spaventoso o sconosciuto può diventare una porta aperta a nuove opportunità.

5. Rafforzamento del Mindset di Apprendimento: Reinventare gli ostacoli come opportunità è un esempio chiaro di un mindset di apprendimento in azione. Ci incoraggia a cercare attivamente occasioni per crescere e trarre valore dalle sfide che incontriamo.

6. Focalizzazione sulla Soluzione: Mentre gli ostacoli potrebbero farci concentrare su ciò che manca o su ciò che va storto, una mentalità di opportunità ci spinge a cercare soluzioni. Questo

atteggiamento proattivo ci aiuta a superare gli ostacoli in modo più efficiente.

7. Aumento dell'Autostima: Superare le sfide con successo aumenta la nostra autostima e la fiducia nelle nostre capacità. Questo ciclo virtuoso ci spinge a cercare ulteriori sfide e a essere più audaci nei nostri obiettivi.

8. Trasformazione della Percezione: Attraverso un mindset di opportunità, trasformiamo la nostra percezione delle difficoltà. Non le vediamo più come qualcosa da evitare, ma come esperienze che possono arricchire la nostra vita.

9. Respiro alla Crescita Personale: Reinventare gli ostacoli come opportunità è una via diretta alla crescita personale. Ci consente di sviluppare competenze, risorse interne e una maggiore saggezza derivante dall'affrontare e superare le sfide.

10. Cambiamento del Narrativo Personale: Cambiare il modo in cui percepiamo gli ostacoli può influenzare il nostro narrativo personale. Diventiamo i protagonisti della nostra storia di

crescita, riscrivendo il modo in cui interpretiamo il nostro percorso.

In sintesi, reinventare gli ostacoli come opportunità è una prospettiva potente che può trasformare il modo in cui affrontiamo le sfide. Ci aiuta a coltivare un mindset di crescita e apprendimento, spingendoci a cercare valore e crescita in ogni sfida che incontriamo. Trasformare le difficoltà in opportunità diventa un'abilità che contribuisce alla nostra resilienza, alla nostra determinazione e al nostro successo a lungo termine.

Capitolo 9 - Mindfulness e Relazioni: Comunicare con Empatia e Presenza

9.1 Ascolto Attivo: Oltre le Parole

Nel contesto delle relazioni interpersonali, la pratica della mindfulness può svolgere un ruolo profondo nel migliorare la qualità della comunicazione e della connessione umana. Uno dei pilastri fondamentali di una comunicazione efficace e empatica è l'ascolto attivo. L'ascolto attivo non si limita a percepire le parole pronunciate, ma coinvolge un livello più profondo di comprensione e connessione emotiva.

1. Presenza Totale: L'ascolto attivo richiede una presenza totale, sia mentale che emotiva. Significa essere pienamente presenti nella conversazione, lasciando da parte le distrazioni mentali e mostrando un interesse genuino per ciò che l'altro sta comunicando.

2. Ascolto Senza Giudizio: La pratica della mindfulness ci insegna a sospender il giudizio e a osservare le cose senza etichettarle. Questo si traduce nell'ascolto attivo attraverso la sospensione del giudizio, permettendo all'altro di esprimersi liberamente senza timore di essere giudicato.

3. Empatia Profonda: L'ascolto attivo va oltre la superficie delle parole e cerca di comprendere le emozioni e le esperienze dell'altro. La mindfulness favorisce l'empatia, consentendoci di connetterci con gli stati d'animo dell'altro e di rispondere con empatia e comprensione.

4. Silenzio Significativo: Spesso, nel processo di ascolto attivo, il silenzio può essere altrettanto eloquente delle parole. Concedere spazi di silenzio durante una conversazione può consentire all'altro di riflettere e di esprimere pensieri più profondi e veri.

5. Focalizzazione sull'Altro: Nell'ascolto attivo, mettiamo da parte il nostro monologo interiore e ci concentriamo interamente sull'altro. Questo richiede un reale sforzo di presenza e

attenzione, ma è fondamentale per stabilire una connessione autentica.

6. Chiarimento e Riformulazione: La mindfulness ci insegna a essere consapevoli dei nostri pensieri e delle nostre parole. Questa consapevolezza si estende all'ascolto attivo, dove possiamo chiedere chiarimenti o riformulare ciò che abbiamo capito per confermare la nostra comprensione.

7. Senso di Accettazione: L'ascolto attivo implica accettare ciò che l'altro sta comunicando senza cercare di correggere o cambiare la loro esperienza. La mindfulness ci aiuta a coltivare un atteggiamento di accettazione verso gli altri e le loro espressioni.

8. Creazione di Connessione: Quando pratichiamo l'ascolto attivo, costruiamo una connessione profonda con l'altro. Questo tipo di comunicazione consapevole e empatica è un segno di rispetto e affetto nei confronti delle persone che interagiscono con noi.

9. Promozione della Pazienza: La pratica della mindfulness ci insegna la pazienza e la calma.

Questi attributi sono preziosi nell'ascolto attivo, poiché consentono di essere presenti senza fretta, permettendo all'altro di esprimersi appieno.

10. Miglioramento delle Relazioni: L'ascolto attivo, incoraggiato dalla mindfulness, contribuisce a costruire relazioni più significative e autentiche. Quando le persone si sentono ascoltate e comprese, si instaura un legame più forte e duraturo.

In sintesi, l'ascolto attivo è una competenza chiave nelle relazioni, consentendo di comunicare con empatia e presenza. La pratica della mindfulness amplifica l'effetto dell'ascolto attivo, incoraggiando la presenza mentale e emotiva e favorendo una comprensione profonda e autentica dell'altro. Quando impariamo ad ascoltare attivamente, creiamo spazi per connessioni significative e arricchenti, costruendo relazioni basate sulla comprensione, il rispetto e l'affetto.

9.2 Empatia: Camminare nelle Scarpe dell'Altro

L'empatia, un pilastro fondamentale nella pratica della mindfulness nelle relazioni, ci consente di creare legami più profondi e significativi con gli altri. Questo processo coinvolge l'abilità di mettersi nei panni dell'altro, comprendendo e rispondendo alle emozioni, alle esperienze e ai punti di vista altrui con autentica comprensione e sensibilità. Attraverso l'empatia, possiamo veramente connetterci con le persone che ci circondano, rafforzando la qualità delle nostre interazioni e promuovendo un ambiente di fiducia e rispetto reciproco.

1. Praticare la Presenza: La pratica della mindfulness ci insegna a essere presenti nel momento attuale. Questa stessa presenza è fondamentale per comprendere pienamente l'altro, poiché richiede l'attenzione completa alle loro parole, espressioni ed emozioni.

2. Ascolto Attento: L'empatia inizia con un ascolto attento e attivo. Quando diamo all'altro il nostro tempo e la nostra attenzione, dimostriamo rispetto e interesse per ciò che hanno da dire. Questo crea un ambiente in cui

l'altro si sente veramente ascoltato e valorizzato.

3. Osservare le Espressioni Non Verbali: La mindfulness ci insegna a notare anche le sfumature più sottili delle espressioni non verbali. Riconoscere il linguaggio del corpo e le espressioni facciali dell'altro può aiutarci a percepire le emozioni che potrebbero non essere state espresse verbalmente.

4. Sospensione del Giudizio: L'empatia richiede la sospensione del giudizio. Quando ci poniamo nelle scarpe dell'altro, evitiamo di emettere giudizi o critiche e cerchiamo invece di comprendere le loro prospettive e le loro esperienze.

5. Comprendere l'Emozione: L'empatia non riguarda solo la comprensione logica di ciò che l'altro sta vivendo, ma anche l'assimilazione delle emozioni che stanno provando. Ci sforziamo di sentire ciò che provano, creando un legame più profondo e autentico.

6. Riflettere e Confermare: Una tecnica importante nell'empatia è riflettere ciò che

abbiamo compreso. Questo dimostra che stiamo davvero ascoltando e che cerchiamo di comprendere correttamente. La conferma può fornire all'altro una conferma della loro importanza e della validità delle loro emozioni.

7. Vulnerabilità Condivisa: L'empatia richiede anche una certa vulnerabilità da parte nostra. Quando condividiamo le nostre esperienze o emozioni simili, possiamo creare un terreno comune su cui connetterci e condividere.

8. Mostrare Apprezzamento: Mostrare apprezzamento per l'apertura dell'altro nel condividere le loro esperienze e sentimenti costruisce un legame di fiducia reciproca. Questo può incoraggiare l'altro a essere più aperto e sincero.

9. Rispondere con Gentilezza: La gentilezza è un elemento centrale dell'empatia. Rispondere alle espressioni dell'altro con gentilezza e compassione crea un ambiente sicuro in cui possono esprimere se stessi liberamente.

10. Coltivare un Legame Significativo: La pratica dell'empatia attraverso la mindfulness crea

legami significativi basati sulla comprensione, sull'attenzione e sulla condivisione di esperienze umane. Questi legami arricchiscono la nostra vita e arricchiscono anche la vita degli altri.

In sintesi, l'empatia, incoraggiata dalla mindfulness, apre la porta a connessioni umane più autentiche e profonde. Camminare nelle scarpe dell'altro richiede presenza, apertura e compassione. Attraverso la pratica costante dell'empatia, possiamo arricchire le nostre relazioni, creare un ambiente di comprensione reciproca e costruire ponti tra le diverse esperienze umane.

9.3 Presenza Autentica nelle Interazioni

Nelle relazioni umane, spesso diamo per scontata la nostra presenza durante le interazioni quotidiane. Tuttavia, la pratica della mindfulness ci insegna che la presenza autentica è un dono prezioso che possiamo offrire agli altri. Essere pienamente presenti in un momento di comunicazione non solo migliora la qualità delle nostre relazioni, ma contribuisce anche a creare un ambiente di comprensione, rispetto e connessione profonda.

1. Essere Presenti al Momento Attuale: La mindfulness ci insegna a essere presenti nel qui e ora. Quando portiamo questa presenza nella nostra comunicazione, ci immergiamo completamente nell'interazione, eliminando le distrazioni mentali e dimostrando un interesse genuino per l'altro.

2. Eliminare le Distanze Mentali: Spesso, la mente vagabonda durante le conversazioni, portandoci altrove. La pratica della mindfulness ci aiuta a riconoscere quando la mente si allontana e ci guida a riportarla al presente, evitando le distrazioni e focalizzandoci sull'altro.

3. Guardare Oltre le Parole: La presenza autentica va oltre le parole pronunciate. Ci consente di cogliere le sfumature delle espressioni facciali, del linguaggio del corpo e delle emozioni sottostanti. Questo ci aiuta a comprendere il significato più profondo di ciò che viene comunicato.

4. Ascolto Attivo e Senza Giudizio: La presenza autentica coinvolge un ascolto attivo e senza giudizio. Mentre ascoltiamo, evitiamo di

interrompere o giudicare e diamo all'altro il nostro tempo e la nostra attenzione completa.

5. Connettersi con Empatia: Essere autenticamente presenti consente di connettersi con empatia. Possiamo percepire le emozioni e le esperienze dell'altro in modo più profondo, consentendoci di rispondere con comprensione e compassione.

6. Rispondere, Non Reagire: La presenza autentica ci dà il tempo di rispondere invece di reagire impulsivamente. Questo apre la strada a risposte più riflessive e consapevoli, migliorando la qualità della comunicazione.

7. Mostrare Interesse Genuino: Quando siamo autenticamente presenti, l'altro si sente riconosciuto e valorizzato. La nostra attenzione genuina mostra il nostro interesse per ciò che stanno condividendo.

8. Creare un Ambiente di Fiducia: La presenza autentica costruisce un ambiente di fiducia reciproca. Quando le persone si sentono veramente ascoltate e comprese, si aprono di più e condividono in modo più aperto.

9. Accettare le Emozioni: Essere presenti nelle interazioni implica l'accettazione delle emozioni dell'altro senza cercare di cambiarle o negarle. Questo crea uno spazio sicuro in cui l'altro può esprimersi liberamente.

10. Nutrire Legami Significativi: La pratica della presenza autentica nutre legami significativi e autentici. Creare spazi di presenza in cui le persone si sentono ascoltate e comprese contribuisce a relazioni più profonde e soddisfacenti.

In conclusione, la presenza autentica è un atto di gentilezza e rispetto che può trasformare le nostre interazioni e relazioni. La mindfulness ci insegna a portare questa presenza nel nostro modo di comunicare, arricchendo la nostra capacità di connetterci con gli altri in modo significativo e profondo. Essere veramente presenti ci consente di creare momenti di autenticità, comprensione e connessione, contribuendo così a un mondo di relazioni più ricche e appaganti.

9.4 Gestione dei Conflitti con Consapevolezza

La gestione dei conflitti è una parte inevitabile delle relazioni umane, ma la pratica della mindfulness può fornire strumenti preziosi per affrontarli in modo consapevole ed empatico. Invece di evitare o sopprimere i conflitti, la mindfulness ci insegna ad affrontarli con apertura e attenzione, creando spazi per la comprensione reciproca e la risoluzione costruttiva. Ecco come la consapevolezza può essere applicata alla gestione dei conflitti.

1. Consapevolezza delle Emozioni: La mindfulness ci invita a essere consapevoli delle emozioni che emergono durante i conflitti. Riconoscere e accettare queste emozioni senza giudizio ci aiuta a mantenere la calma e a rispondere in modo riflessivo invece di reagire impulsivamente.

2. Pausa Riflessiva: Prima di rispondere a un conflitto, la mindfulness ci incoraggia a fare una pausa riflessiva. Questo breve momento di respiro ci permette di raccogliere i nostri pensieri, evitando risposte dettate dalla rabbia o dalla frustrazione.

3. Ascolto Empatico: Durante un conflitto, praticare l'ascolto empatico è fondamentale. La mindfulness ci insegna a essere presenti e attenti durante l'ascolto, consentendoci di comprendere le prospettive dell'altro e rispondere con compassione.

4. Comunicazione Chiara e Rispettosa: La mindfulness promuove una comunicazione consapevole e rispettosa. Quando esprimiamo i nostri pensieri o punti di vista, lo facciamo in modo chiaro e non offensivo, contribuendo a mantenere un dialogo aperto.

5. Evitare la Critica Distruttiva: La consapevolezza ci guida a evitare la critica distruttiva o il lancio di colpe. Invece, possiamo concentrarci sulla descrizione dei fatti e delle nostre emozioni in modo onesto e rispettoso.

6. Mantenere la Calma: La mindfulness ci insegna a mantenere la calma anche durante momenti di tensione. Questo ci aiuta a evitare di farsi coinvolgere eccessivamente dalle emozioni, favorendo una risposta ponderata.

7. Vedere il Lato Umano: La pratica della mindfulness ci aiuta a vedere il lato umano dei conflitti. Riconosciamo che sia noi che gli altri siamo soggetti a emozioni e imperfezioni, contribuendo a ridurre l'ostilità.

8. Cercare Soluzioni Costruttive: La consapevolezza ci spinge a cercare soluzioni costruttive e collaborative. Invece di cercare di "vincere" il conflitto, cerchiamo modi per risolverlo insieme in modo che entrambe le parti possano beneficiare.

9. Mettere da Parte l'Ego: La mindfulness ci aiuta a mettere da parte l'ego durante i conflitti. Questo significa concentrarsi sulla situazione e sui sentimenti coinvolti anziché cercare di dimostrare di avere ragione.

10. Coltivare la Compassione: La gestione consapevole dei conflitti ci consente di coltivare la compassione, sia verso noi stessi che verso gli altri. Questa compassione apre la strada a un dialogo più pacifico e rispettoso.

In sintesi, la consapevolezza può svolgere un ruolo cruciale nella gestione dei conflitti nelle relazioni. Attraverso l'applicazione di pratiche mindfulness, possiamo affrontare i conflitti con apertura, empatia e saggezza, contribuendo a promuovere la comprensione reciproca, a migliorare la qualità delle nostre relazioni e a creare spazi per la crescita personale e interpersonale.

9.5 Affinare la Connettività Emotiva

La pratica della mindfulness può svolgere un ruolo profondo nell'affinare la nostra connettività emotiva con gli altri. Quando coltiviamo la consapevolezza delle nostre emozioni e impariamo a rispondere invece di reagire, possiamo stabilire connessioni più autentiche e significative con coloro con cui interagiamo. Ecco come la mindfulness può aiutarci a migliorare la nostra connettività emotiva.

1. Autoconsapevolezza Emotiva: La mindfulness inizia con l'autoconsapevolezza. Quando sviluppiamo la consapevolezza delle nostre emozioni, riusciamo a riconoscerle in modo tempestivo e a comprendere come influenzano le nostre interazioni con gli altri.

2. Riconoscere i Trasferimenti Emotivi: Durante le interazioni, spesso proiettiamo le nostre emozioni sugli altri. La mindfulness ci permette di riconoscere questi trasferimenti emotivi, evitando di attribuire le nostre emozioni agli altri e mantenendo chiare le dinamiche interpersonali.

3. Regolazione Emotiva: La consapevolezza ci aiuta a regolare le nostre emozioni in modo sano. Possiamo imparare a gestire le emozioni intense e a rispondere in modo riflessivo invece di essere sopraffatti da esse.

4. Ascolto Empatico: La mindfulness facilita l'ascolto empatico. Quando siamo pienamente presenti durante le interazioni, possiamo cogliere le sfumature delle emozioni dell'altro e rispondere con compassione.

5. Comunicazione Chiara delle Emozioni: La pratica della mindfulness migliora la nostra capacità di comunicare chiaramente le nostre emozioni agli altri. Comunicare in modo aperto ed empatico crea un terreno comune di comprensione e connessione.

6. Vulnerabilità Condivisa: La mindfulness ci incoraggia a essere vulnerabili e onesti riguardo alle nostre emozioni. Questa apertura crea uno spazio in cui gli altri possono condividere le proprie esperienze emotive in modo genuino.

7. Accettazione e Compassione: La mindfulness ci insegna ad accettare le nostre emozioni senza giudizio e a rispondere con compassione. Questa stessa accettazione e compassione si estendono alle emozioni degli altri, creando un ambiente di fiducia e rispetto.

8. Vedere Oltre le Superfici: La consapevolezza ci guida a vedere oltre le superfici delle persone. Riconosciamo che dietro ogni comportamento c'è un mondo complesso di emozioni e esperienze, permettendoci di connetterci più profondamente.

9. Risposte, Non Reazioni: Con la pratica della mindfulness, impariamo a rispondere invece di reagire impulsivamente alle emozioni. Questo favorisce una comunicazione più riflessiva e costruttiva.

10. Generosità Emotiva: La connettività emotiva si nutre attraverso la generosità emotiva. Quando condividiamo le nostre emozioni in modo aperto e rispettoso, incoraggiamo anche gli altri a fare lo stesso, creando un ciclo di connessione più profonda.

In sintesi, l'affinamento della connettività emotiva attraverso la mindfulness porta a relazioni più genuine e autentiche. Quando comprendiamo e gestiamo meglio le nostre emozioni, siamo in grado di connetterci con gli altri in modo più profondo e significativo. La mindfulness ci invita a portare questa consapevolezza nelle nostre interazioni, promuovendo una comunicazione aperta, empatica e arricchente.

Capitolo 10 - Guardare al Futuro: Integrare la Mindfulness e un Mindset Positivo nella Tua Vita Quotidiana

10.1 Routine Quotidiane di Mindfulness

Integrare la mindfulness e un mindset positivo nella tua vita quotidiana richiede una pratica costante e consapevole. Le routine giornaliere possono diventare un terreno fertile per coltivare queste abilità, poiché ti permettono di inserire momenti di consapevolezza e gratitudine in ogni aspetto della tua giornata. Ecco come puoi creare routine quotidiane di mindfulness per arricchire il tuo approccio alla vita.

1. Mattina Consapevole: Inizia la giornata con un momento di consapevolezza. Prima di alzarti dal letto, dedica alcuni minuti per concentrarti sul respiro e sentire il tuo corpo. Questo ti aiuta a

stabilire un tono positivo e centrato per il resto della giornata.

2. Meditazione Mattutina: Dedica 10-15 minuti a una breve meditazione mattutina. Concentrati sulla tua respirazione o su un'immagine mentale che ti ispira positività. Questo momento di tranquillità ti prepara mentalmente per le sfide e le opportunità del giorno.

3. Pausa Mindful: Inserisci delle pause mindful durante la tua giornata. Ogni volta che ti siedi per mangiare, fermati per alcuni istanti e sperimenta pienamente il cibo: il suo sapore, la consistenza e l'esperienza di mangiare. Questo ti aiuta a evitare di mangiare in modo automatico e favorisce la gratitudine per il cibo che hai.

4. Camminata Consapevole: Se hai l'opportunità, prenditi del tempo per una camminata consapevole. Durante la passeggiata, focalizzati sui tuoi passi, sulla sensazione del terreno sotto i piedi e sulla tua respirazione. Questo momento di connessione con il corpo e la natura aumenta la tua consapevolezza.

5. Momenti di Gratitudine: Trova momenti nel corso della giornata per praticare la gratitudine. Ogni volta che ti senti grato per qualcosa, fermati e riconosci quel sentimento. Questo ti aiuta a spostare l'attenzione dalle sfide verso le cose positive nella tua vita.

6. Respirazione Consapevole: Quando ti senti stressato o teso, prendi una pausa per alcuni respiri consapevoli. Inspira profondamente contando fino a quattro, trattieni il respiro per un secondo e poi espira lentamente contando fino a sei. Questa tecnica ti aiuta a ritrovare la calma e a ritornare al momento presente.

7. Visualizzazioni Positive: Prima di andare a letto, dedica alcuni minuti alla visualizzazione positiva. Immagina te stesso affrontare con successo le sfide del giorno seguente o raggiungere i tuoi obiettivi. Questa pratica crea uno stato mentale positivo che può influenzare il tuo sonno e il tuo stato d'animo al risveglio.

8. Pratica della Consapevolezza: Integra la pratica della mindfulness in ogni attività che fai. Sia che tu stia facendo yoga, lavando i piatti o lavorando al computer, cerca di rimanere

pienamente concentrato sull'attività presente, senza divagare con la mente.

9. Momenti di Respiro: Utilizza i momenti di attesa durante la giornata per esercizi di respiro consapevole. Ad esempio, quando sei in coda o aspetti l'ascensore, sfrutta quegli istanti per respirare in modo consapevole e rilassarti.

10. Riepilogo Serale: Prima di andare a letto, rifletti sulla tua giornata in modo positivo. Pensa a cosa hai apprezzato, cosa hai imparato e cosa potresti fare in modo diverso. Questo ti aiuta a chiudere la giornata in modo consapevole e a prepararti per una notte di riposo.

Incorporare la mindfulness e un mindset positivo nelle tue routine quotidiane richiede impegno e pratica costante. Tuttavia, i benefici si accumulano nel tempo, contribuendo a migliorare il tuo benessere emotivo, la tua consapevolezza

10.2 Cultivare l'Habit del Pensiero Positivo

Coltivare un mindset positivo attraverso la pratica costante della mindfulness può avere un impatto significativo sulla tua vita quotidiana. Il pensiero positivo non significa negare le sfide o gli ostacoli, ma piuttosto sviluppare una prospettiva che enfatizza le opportunità, la gratitudine e la resilienza. Ecco come puoi coltivare l'abitudine del pensiero positivo attraverso la pratica della mindfulness:

1. Consapevolezza del Dialogo Interno: La pratica della mindfulness inizia con l'ascolto attento del tuo dialogo interno. Prendi nota dei pensieri che emergono e cerca di identificare quelli che potrebbero essere negativi o limitanti. Una volta riconosciuti, puoi iniziare a sostituirli con pensieri più positivi.

2. Riframing delle Situazioni: La mindfulness ti insegna a riconsiderare le situazioni sotto una luce diversa. Quando incontri sfide o ostacoli, cerca di riframarli come opportunità di crescita e apprendimento. Questo ti aiuta a focalizzarti sul potenziale positivo invece che sulle difficoltà.

3. Gratitudine Consapevole: Dedica un momento ogni giorno per riflettere su ciò per cui sei grato. La pratica della gratitudine ti aiuta a concentrarti

sulle cose positive nella tua vita, anche nelle piccole cose che spesso passano inosservate.

4. Affrontare i Pensieri Negativi: La mindfulness ti insegna a riconoscere i pensieri negativi senza giudizio. Quando ne diventi consapevole, puoi trattarli come nuvole che passano, senza aggrapparti ad essi. Questo ti libera dalla loro influenza.

5. Pratica del Self-Care: Integrare momenti di self-care nella tua routine quotidiana è una forma di pensiero positivo rivolta verso te stesso. Questi momenti ti ricordano che meriti attenzione e cura, aumentando il tuo benessere emotivo complessivo.

6. Affermazioni Positive: Utilizza affermazioni positive per rafforzare il tuo pensiero positivo. Queste dichiarazioni possono essere ripetute durante la giornata per rafforzare la tua fiducia, la tua resilienza e il tuo ottimismo.

7. Accettazione delle Emozioni: La mindfulness ti insegna ad accettare tutte le tue emozioni, comprese quelle negative, senza giudicarle.

Questa accettazione ti permette di affrontare le sfide con compassione anziché auto-critica.

8. Focalizzarsi sul Presente: Invece di preoccuparsi del passato o del futuro, la mindfulness ti aiuta a focalizzarti sul presente. Questo ti permette di apprezzare l'esperienza attuale e di ridurre l'ansia riguardo a ciò che potrebbe accadere.

9. Attenzione alla Bellezza Intorno a Te: La pratica della mindfulness ti invita a notare la bellezza che ti circonda, anche nelle piccole cose. Riconoscere la bellezza in natura, nell'arte o nelle interazioni quotidiane può sollevare il tuo spirito.

10. Auto-Compassione: La mindfulness promuove l'auto-compassione, che è fondamentale per coltivare un mindset positivo. Tratta te stesso con gentilezza e amore, proprio come faresti con un amico che sta attraversando un momento difficile.

Cultivare l'abitudine del pensiero positivo richiede pratica costante e consapevolezza. La mindfulness ti offre gli strumenti per modificare il tuo approccio mentale, spostando il focus verso l'ottimismo, la gratitudine e la resilienza. Man mano che integri queste pratiche nella tua vita quotidiana, vedrai un cambiamento nella tua prospettiva e un impatto positivo sul tuo benessere generale.

10.3 Strategie per una Riflessione Intenzionale

La riflessione intenzionale è una pratica potente per integrare la mindfulness e un mindset positivo nella tua vita quotidiana. Attraverso questa pratica, puoi esaminare in modo deliberato le tue esperienze, apprendimenti e obiettivi, contribuendo così al tuo sviluppo personale e alla tua visione positiva della vita. Ecco alcune strategie per sviluppare una riflessione intenzionale:

1. Journaling Mindful: Dedica del tempo ogni giorno per scrivere nel tuo diario di riflessione. Scrivi liberamente sulle tue esperienze, le tue emozioni e le tue sfide. Questo processo ti aiuta a esaminare i tuoi pensieri in modo consapevole e a riconoscere schemi ricorrenti.

2. Momento di Riflessione: Scegli un momento tranquillo ogni giorno per riflettere sulla tua giornata. Chiediti cosa hai imparato, cosa hai apprezzato e cosa potresti fare in modo diverso. Questo esercizio di auto-analisi ti aiuta a crescere e a mantenere una prospettiva positiva.

3. Grata per il Presente: Prima di andare a letto, prenditi un momento per riflettere sulla giornata e elencare tre cose per cui sei grato. Questa pratica quotidiana ti aiuta a concentrarti sul positivo e a coltivare un mindset di gratitudine.

4. Riflessione su Obiettivi: Periodicamente, prenditi del tempo per riflettere sui tuoi obiettivi personali e professionali. Valuta i progressi fatti, identifica gli ostacoli incontrati e pianifica le prossime azioni. Questa riflessione intenzionale ti tiene focalizzato e motivato.

5. Auto-Osservazione senza Giudizio: Quando rifletti sulle tue azioni e reazioni, fallo senza giudizio. La mindfulness ti insegna a osservare in modo neutrale, senza auto-critica e senza etichettare le esperienze come "buone" o "cattive".

6. Riflessione sui Momenti di Flusso: Ricorda e rifletti sui momenti in cui ti sei sentito completamente immerso in un'attività, in uno stato di flusso. Cosa hai fatto in quei momenti? Quali elementi ti hanno reso coinvolto? Questa riflessione può guidarti verso attività che ti portano gioia e soddisfazione.

7. Visualizzazione del Futuro Positivo: Pratica la visualizzazione positiva immaginando il tuo futuro in modo ottimista. Immagina te stesso raggiungere i tuoi obiettivi e vivere la vita che desideri. Questa pratica stimola il tuo cervello a orientarsi verso il positivo.

8. Riflessione sull'Apprendimento: Dopo aver affrontato una sfida o un'esperienza nuova, rifletti sui tuoi apprendimenti. Cosa hai imparato da questa situazione? Come puoi applicare questi insegnamenti in futuro?

9. Focalizzati sull'Essenziale: Rifletti su ciò che è davvero importante nella tua vita. Quali sono i tuoi valori fondamentali? Come puoi allineare le tue azioni con questi valori? Questa riflessione ti aiuta a mantenere una prospettiva significativa.

10. Abbraccia il Processo: La riflessione intenzionale non riguarda solo i risultati, ma anche il processo. Valorizza i passi che stai facendo per crescere, imparare e migliorare. Apprezza il viaggio tanto quanto la destinazione.

Integrare la riflessione intenzionale nella tua routine quotidiana richiede impegno e dedizione, ma i benefici sono profondi. Questa pratica ti aiuta a sviluppare una maggiore consapevolezza di te stesso, a coltivare un mindset positivo e a creare un legame più profondo con le tue esperienze di vita. La riflessione intenzionale diventa un faro che illumina il percorso verso la crescita e il benessere.

10.4 Creazione di Spazi di Silenzio e Presenza

Nel caos frenetico della vita moderna, creare spazi di silenzio e presenza è diventato essenziale per integrare la mindfulness e un mindset positivo nella tua routine quotidiana. Questi momenti di quiete ti permettono di disconnetterti dal trambusto, ristabilire l'equilibrio interno e coltivare una connessione più profonda con te stesso e con il mondo circostante. Ecco come puoi creare spazi di silenzio e presenza:

1. Pratica della Meditazione: Dedica del tempo ogni giorno alla meditazione. Trova un luogo tranquillo, siediti in modo confortevole e concentra la tua attenzione sulla tua respirazione o su un punto focalizzato. La meditazione ti aiuta a sviluppare la consapevolezza e a creare uno spazio interno di tranquillità.

2. Momenti di Respiro: Integra brevi momenti di consapevolezza del respiro nella tua giornata. Sia che tu sia in fila al supermercato o in pausa pranzo al lavoro, prenditi un momento per respirare profondamente e connetterti con il momento presente.

3. Passeggiate in Natura: Trascorri del tempo all'aperto in un ambiente naturale. Durante le passeggiate, concentra la tua attenzione sui suoni, sugli odori e sulle sensazioni fisiche. Questo ti aiuta a ritrovare un senso di meraviglia e gratitudine per la bellezza del mondo.

4. Digital Detox: Stabilisci momenti di "digital detox" durante la giornata, in cui ti allontani dagli schermi elettronici. Questo ti consente di riconnetterti con il mondo reale e di evitare l'overstimolazione digitale.

5. Momenti di Solitudine: Trova momenti di solitudine in cui puoi semplicemente essere con te stesso, senza distrazioni. Questi momenti ti consentono di ascoltare i tuoi pensieri, esplorare le tue emozioni e coltivare una maggiore autenticità.

6. Pratica dello Yoga: Il praticare lo yoga ti aiuta a connetterti con il tuo corpo, la tua mente e il tuo respiro. Durante la pratica, concentra la tua attenzione sui movimenti e sulle sensazioni fisiche, creando uno spazio di presenza e consapevolezza.

7. Silenzio Mindful: Dedica alcuni minuti al silenzio mindful. Seduto in silenzio, osserva i tuoi pensieri che vengono e vanno, senza aggrapparti a nessuno di essi. Questo ti aiuta a creare uno spazio di pace interiore.

8. Lettura Consapevole: Quando leggi, fai attenzione alla tua esperienza di lettura.

Concentrati sulla trama, sui personaggi e sulle emozioni che suscitano in te. Questo ti aiuta a immergerti completamente nel momento presente.

9. Ascolto Profondo: Pratica l'ascolto profondo quando sei con gli altri. Focalizza la tua attenzione sulla persona che sta parlando, senza interruzioni o distrazioni. Questa pratica migliora la qualità delle tue interazioni e promuove la connessione empatica.

10. Momenti di Gratitudine: Trova spazi di silenzio per riflettere sulla gratitudine. Sia che tu lo faccia al mattino o alla sera, prenditi del tempo per riconoscere ciò per cui sei grato, creando un'atmosfera di positività.

La creazione di spazi di silenzio e presenza richiede intenzione e pratica costante. Questi momenti speciali ti permettono di sfuggire alla frenesia della vita quotidiana, di coltivare la consapevolezza e di vivere con un mindset positivo. La quiete interiore che trovi in questi spazi diventa una risorsa preziosa per affrontare le sfide e abbracciare la bellezza del presente.

10.5 Affrontare il Cambiamento con Resilienza e Apertura

La vita è un continuo flusso di cambiamenti, e imparare ad affrontarli con resilienza e apertura è un elemento cruciale per integrare la mindfulness e un mindset positivo nella tua vita quotidiana. La pratica della mindfulness ti fornisce gli strumenti per abbracciare i cambiamenti con una prospettiva equilibrata e la capacità di adattarti con flessibilità. Ecco come puoi sviluppare la tua resilienza e apertura durante i momenti di cambiamento:

1. Accettazione del Cambiamento: La prima tappa nell'affrontare il cambiamento è l'accettazione. La mindfulness ti insegna ad accogliere il momento presente così com'è, accettando le sfide e i cambiamenti che la vita presenta.

2. Flessibilità Mentale: Coltiva una mente aperta e flessibile. Abbraccia nuove prospettive e modi di fare le cose, evitando l'attaccamento alle vecchie abitudini o modelli di pensiero.

3. Consapevolezza delle Emozioni: Durante i periodi di cambiamento, le emozioni possono essere intense. Pratica la consapevolezza delle tue emozioni, osservandole senza giudizio e permettendo loro di essere presenti.

4. Gestione dello Stress: La mindfulness ti offre tecniche per gestire lo stress che può accompagnare il cambiamento. Utilizza la respirazione consapevole e altre strategie di autoregolazione per mantenere la calma e la chiarezza mentale.

5. Vivere nel Presente: Anche se il cambiamento può portare preoccupazioni sul futuro, cerca di rimanere ancorato al presente. La pratica della mindfulness ti insegna a concentrarti sul qui e ora invece di lasciarti sopraffare dall'incertezza.

6. Riflessione Positiva: Esplora i lati positivi del cambiamento. Quali nuove opportunità o apprendimenti potrebbero emergere da questa situazione? Questa prospettiva positiva può aiutarti a mantenere un mindset ottimista.

7. Adattamento Graduale: La mindfulness ti insegna a fare passi graduali nell'affrontare il

cambiamento. Non cercare di affrontare tutto in una volta, ma adatta le tue azioni a piccoli passi che puoi gestire.

8. Compassione verso Te Stesso: Durante il cambiamento, è importante essere gentili con te stessi. Non ti aspettare di essere perfetto o di affrontare tutto senza difficoltà. La compassione verso te stesso è fondamentale.

9. Raggiungere un Nuovo Equilibrio: Il cambiamento spesso porta a una ridefinizione del tuo equilibrio. La mindfulness ti aiuta a trovare un nuovo equilibrio tra le tue esigenze, i tuoi obiettivi e le nuove circostanze.

10. Apprendimento e Crescita: Ogni cambiamento offre l'opportunità di apprendere e crescere. Rifletti su ciò che hai imparato da ogni cambiamento e come hai sviluppato nuove competenze.

Affrontare il cambiamento con resilienza e apertura richiede pratica e dedizione. La combinazione della mindfulness con un mindset positivo ti permette di navigare attraverso i cambiamenti con una mentalità che valorizza l'apprendimento, la flessibilità e la possibilità di crescita. Con queste competenze, sarai in grado di affrontare le sfide della vita con coraggio e consapevolezza, vivendo ogni momento con presenza e gratitudine.

CONCLUSIONE:

Siamo giunti alla fine di questo viaggio verso la scoperta della mindfulness e del potere di un mindset positivo. In questo libro, abbiamo esplorato insieme le profondità della presenza, la resilienza di fronte alle sfide e la bellezza di vivere con consapevolezza. Ti ringrazio per aver dedicato il tuo tempo a queste pagine, sperando che tu abbia trovato ispirazione e strumenti per arricchire la tua vita.

Ricorda che ogni momento è un'opportunità per praticare la mindfulness, per coltivare una mente aperta e per abbracciare il cambiamento con fiducia. Che tu scelga di iniziare ogni giorno con un respiro consapevole o di guardare al futuro con un mindset positivo, la tua vita può diventare un riflesso della tua dedizione all'autenticità e alla crescita.

Sii gentile con te stesso, abbraccia la tua unicità e continua a esplorare le profondità della tua mente e del tuo cuore. Che questa pratica ti accompagni in ogni passo del tuo viaggio e ti guidi verso una vita di significato, saggezza e felicità.

Con gratitudine infinita,

Luca Romano

Se pensi che questo libro ti sia piaciuto e ti abbia

aiutato ti chiedo di dedicare solo pochi secondi a

lasciare una breve recensione su Amazon!

Grazie,

Luca Romano

Printed in Great Britain
by Amazon

33942868R00096